AF326671

BIBLIOTHÈQUE
DES ÉCOLES ET DES FAMILLES

G. DELON

HISTOIRE D'UN LIVRE

Prix 1. 10

PARIS
LIBRAIRIE HACHETTE ET Cⁱᵉ
79, BOULEVARD SAINT-GERMAIN, 79

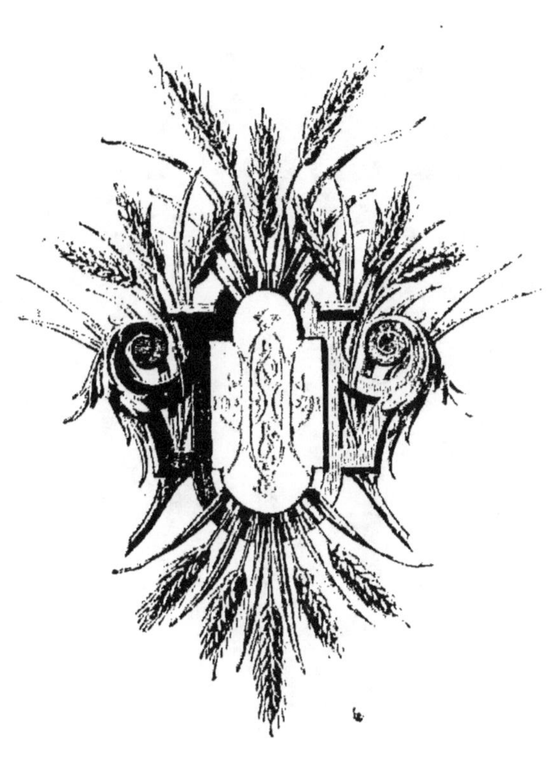

9580-95. — Corbeil. Imprimerie Crété.

HISTOIRE

D'UN LIVRE

LE PAPYRUS.

BIBLIOTHÈQUE DES ÉCOLES ET DES FAMILLES

HISTOIRE

D'UN LIVRE

PAR

C. DELON

« Un livre, un ami. »

SEPTIÈME ÉDITION

PARIS

LIBRAIRIE HACHETTE ET Cⁱᵉ

79, BOULEVARD SAINT-GERMAIN, 79

1902

Droits de traduction et de reproduction réservés

A

M. CH. QUENTIN

AVERTISSEMENT

—

En écrivant pour de jeunes lecteurs ces pages familières, je ne me suis pas proposé, comme bien on le pense, d'apprendre à imprimer, mais à lire. Je n'ai eu en vue de préparer pour l'avenir ni des écrivains, ni des typographes, ni même des *bibliophiles* — en grec ; mais tout simplement, en français, des *amis du livre*, des gens aimant, goûtant le livre. L'histoire de ce grand œuvre de la pensée humaine, de ce tout-puissant instrument de civilisation et de progrès, m'a paru propre à susciter de saines curiosités et d'utiles réflexions ; j'ai tenté de l'esquisser. Le côté technique aussi, les procédés et traditions d'un art qui tient une place si grande dans la vie des peuples civilisés, offrent leur intérêt et sont en eux-mêmes utiles à connaître. Et d'ailleurs la description des moyens et des instruments de tout travail délicat, touchant à l'art par quelque côté, est de nature à éveiller cet instinct d'ingéniosité en germe dans plus d'une petite tête, ce sens des combinaisons, attrait du travail intelligent, qui fait l'homme *ouvrier* dans l'acception large et élevée du mot, *faiseur d'œuvre* et attaché à son œuvre, chercheur, passionné pour le bien-faire et le perfectionnement. En montrant à nos écoliers combien d'efforts de génie représente et résume un livre, ce simple livre de classe que leur âge insoucieux traite avec une brusque familiarité, leur apprendrais-je seulement à estimer davantage et à mieux respecter ce sérieux compagnon, qui, malgré sa forme sévère, rend si faciles pour eux les chemins de l'étude, si rudes pour leur devanciers, je croirais avoir fait déjà quelque chose. Si je suis arrivé à leur inspirer, avec le respect du livre, le goût de la lecture, de la lecture sérieuse et instructive, à recruter parmi eux et autour d'eux, pour nos Bibliothèques populaires et nos Bibliothèques scolaires, des lecteurs et des adhérents, j'aurai rempli ma tâche et atteint mon but.

C. DELON.

HISTOIRE
D'UN LIVRE

INTRODUCTION-CAUSERIE

LE LECTEUR, LE LIVRE ET L'AUTEUR

Vous savez lire? — Sans doute! Quelle demande! — Eh
bien, mon enfant, allez remercier votre instituteur. Eût-il
été, à votre avis, un peu sévère... remerciez-le de tout votre
cœur. Et félicitez-vous d'être né à une époque où tout le
monde apprend à lire. Pendant des milliers et des milliers
d'années les hommes ont tant souffert de l'ignorance! Vous
ne pouvez pas encore savoir cela, vous autres; mais moi qui
le sais, j'en suis navré quand j'y pense! Et aujourd'hui encore il est tant de gens qui souffrent par la même cause, la
grande cause de presque tous les malheurs! Qui ne sait rien,
n'a rien, ne peut rien, n'est rien... Or dès qu'on sait lire,
voyez-vous, on est sauvé, ou du moins peu s'en faut, de cette
terrible ignorance. — Combien l'instruction est nécessaire
dans la vie, combien il sera heureux pour vous, plus tard,
d'être instruit, vos parents, vos maîtres vous l'ont dit; ils
vous le rediront encore : et ils ont bien raison, ah! plus raison
que vous ne pouvez l'imaginer. L'instruction est un trésor : savoir lire, c'est avoir la clef du trésor. Pour s'instruire, le grand

moyen, c'est la lecture; l'instrument, l'outil, c'est le LIVRE.

Un outil précieux! A quel point le livre est nécessaire, quels avantages on retire de la lecture, après ce que je viens de vous dire, je suppose que vous l'avez compris; et plus tard vous le comprendrez mieux encore. Ce que je veux surtout vous persuader, c'est que la lecture est la source de mille plaisirs variés, toujours nouveaux, dont on ne se lasse jamais. Déjà certainement il vous est arrivé de prendre du plaisir à lire; mais il y a une manière de s'y prendre, un certain art de faire la lecture, pour y trouver plus de jouissances; et c'est justement cet art-là que je tiens à vous enseigner.

Un outil merveilleux aussi, le livre! — Bientôt je vous expliquerai sa construction; je vous dirai comment il a été inventé, comment on le fabrique... Pour le moment, il s'agit de la manière de s'en servir.

Or il y a deux manières de se servir de cet outil, deux façons de faire la lecture, qui toutes deux ont leur agrément, leurs plaisirs différents. On lit pour soi seul, tout bas; on lit pour les autres, à haute voix, en public parfois, le plus souvent devant quelques amis, ou, mieux encore, en famille.

Quelle chose charmante, la *lecture en famille!* A ce seul mot, tenez, il me semble voir dessiné devant mes yeux, comme on voit un souvenir, tout un gracieux tableau, une gentille scène. J'imagine les lieux, les personnages. Vous, mon cher enfant, vous êtes dans mon tableau. — C'est par une longue et noire soirée d'hiver; la famille est réunie autour de la table ou près du foyer. L'heure des jeux bruyants est passée, et celle du sommeil n'est pas encore venue. Que faire? On va lire. Voici le compagnon de la veillée, le livre commencé l'autre soir. — Et qui fera la lecture? Vous, évidemment. Le père est un peu las peut-être, ou songeur, comme sont les pères; il vous cède la place. La mère, la grande sœur s'il y en a, ont en main quelque ouvrage de femmes; lire les dérangerait, mais elles écouteront volontiers. Allons, l'écolier, à vous le *rôle actif*. Voici le moment de faire voir qu'on a appris quelque chose à l'école. Prouvez que vous savez lire, j'entends lire à haute voix, d'une manière claire, intelligible, agréable. Placez-vous donc près de la lampe, dans le cercle de lumière de l'abat-jour. Et maintenant, que petits frères et petites sœurs, s'il en est là, soient sages et fassent silence! On écoute.

Or, avant de commencer, vous aussi, mon cher enfant, écoutez mes conseils. Lire à haute voix, vous dirai-je, c'est tout un art... et pour tout art il est des préceptes. La première règle de cet art, en deux mots, la voici : « Rien de forcé. » Point d'efforts de voix : il suffit d'être entendu; et si vous lisez plutôt un peu bas, vos paroles en seront plus distinctes et mieux comprises. Surtout ne prenez pas un ton trop aigu, ce ton criard avec lequel vous récitez vos leçons à l'école : mauvaise habitude, détestable, ce ton forcé qui fatigue vos poumons et votre *larynx*, brise votre voix, agace les oreilles de vos *auditeurs*. Et quel ton faut-il prendre, pour lire comme pour réciter? Le ton naturel de votre voix, quand vous parlez tranquillement. C'est fort gentil, une petite voix d'enfant; c'est un son clair, agréable à l'oreille : à la condition qu'il sorte naturellement et sans effort. — On rapporte qu'un ancien *orateur* de l'antiquité, lorsqu'il parlait en public, avait toujours auprès de lui un joueur de flûte pour lui *donner le ton* avec son instrument... Quant à nous, mon cher lecteur, nous ne ferons pas tant de cérémonies; nous n'irons chercher ni une flûte, ni un *diapason*[1]. Pour vous donner le ton, je vais vous enseigner un petit moyen tout simple et dont personne ne s'apercevra : au moment de commencer la lecture, dites à ceux qui vous entourent quelques mots de conversation, de votre voix ordinaire; puis tout de suite commencez à lire, et partez sur le même ton : c'est le bon.

1. Petit instrument dont on se sert en musique pour donner le ton aux chanteurs.

Et surtout n'allez pas trop vite ! — A lire, c'est comme à marcher : si vous allez vite, vous n'irez pas longtemps. Lire vite fatigue extrêmement ; on n'a pas le temps de respirer, on s'essouffle ; et ceux qui écoutent se fatiguent aussi, ils ont peine à suivre et ne comprennent pas bien. — Or vous serez toujours entraîné à lire trop vite, sans vous en apercevoir... Défiez-vous donc, et prenez plutôt un peu lentement ; il y a encore pour cela une autre raison que je vous dirai tout à l'heure. Inutile d'ajouter qu'il faut s'arrêter aux points et aux virgules ; aux virgules, un temps très court, juste le temps d'aspirer un peu d'air ; aux points, un peu plus longtemps ; et aux alinéas, plus longtemps encore : cela, vous le savez ; et vous savez aussi que si vous ne teniez pas compte de cette règle, personne ne comprendrait mot de ce que vous liriez.

Une observation encore. Une personne qui parle ne prononce pas tous les mots d'un ton parfaitement égal : la voix — avez-vous fait cette remarque ? — la voix *appuie* avec un léger effort, *monte* sur certains mots, sur certaines syllabes ; elle *baisse* sur d'autres. Ces différences de ton sont ce qu'on appelle l'*accent*. Or cette façon de faire sentir plus ou moins les mots, d'*accentuer* la parole, aide singulièrement à comprendre. — Ainsi, pour prendre un exemple, le ton d'une phrase *interrogative* est tout autre que celui d'une phrase *affirmative* ; souvent même le sens de la phrase n'est marqué que par le seul accent. Suivant la manière dont vous les prononcerez dans une conversation, ces mêmes mots : « Il est venu ? » — « Il est venu. » — « Il est venu ! » seront une question ou une réponse, une affirmation paisible, ou bien une exclamation d'étonnement. Plus on est ému, ou plus la conversation est animée, plus on accentue ses paroles ; et vous autres enfants, qui vous animez fort dans vos jeux, vous accentuez beaucoup en parlant... Or ce ton qui fait comprendre la pensée, le cherche-t-on ? en fait-on une étude ? Non, cela vient tout seul.

Justement parce qu'on pense une chose, qu'on la comprend, on trouve tout naturellement l'accent qui la fait comprendre; justement parce qu'on est ému, on trouve le ton qui fait sentir aux autres ce que l'on sent soi-même. — Eh bien, pour la lecture il en est de même. Si vous lisiez d'une voix toujours parfaitement égale et *monotone*[1], savez-vous l'effet que cela produirait? Au bout de quelque temps tous vos auditeurs s'endormiraient à demi — ou même tout à fait, — comme des enfants que l'on berce avec une chanson...

Pour bien lire, il faut donc varier un peu le ton, accentuer, enfin; accentuer un peu, non pas trop. Et pour cela aussi la même règle, toute simple, toute naturelle : lire comme on parle quand on parle tranquillement. Et l'accent convenable pour chaque phrase, pour chaque mot, « le ton qui fait comprendre, » vous viendra tout naturellement aussi, en lisant comme en parlant, si vous pensez ce que vous dites, si vous comprenez ce que vous lisez.

Mais pour comprendre ce qu'on lit une condition est nécessaire. Observez tout d'abord ceci : vous ne savez bien le sens d'une phrase qu'on vous adresse, d'une phrase qu'on vous *dicte* à l'école, que quand cette phrase est finie, ou du moins assez avancée pour que vous deviniez le reste. De même pour la lecture. Quand votre œil lit un mot, il ne voit pas encore les mots qui suivent; vous ne savez pas ce qui va venir, et vous ne connaissez le sens que lorsque vous arrivez vers la fin de la phrase ou du membre[2] de phrase. Supposons que vous prononciez chaque mot juste au moment même où votre œil le lit, sans avoir aucune idée de ce qui va suivre : vous avez prononcé des mots sans savoir ce qu'ils signifient. Vous arrivez à la fin de la phrase, le sens est achevé, vous comprenez; mais il n'est plus temps, la phrase est lue. Elle est lue, et mal lue, parce qu'elle a été *parlée* avant d'être

1. D'un seul et même ton.
2. Partie, bout de phrase.

pensée, prononcée avant d'être comprise. Que faut-il donc pour bien lire à haute voix? Que vos yeux voient toujours un peu en avant, lisent toujours quelques mots au delà de celui que vous êtes en train de prononcer. De la sorte vous êtes averti à temps du sens, et vous prenez naturellement l'accent convenable. — Et cela se peut? — Oui certes, pourvu qu'on sache bien lire : l'œil est si prompt! Et même ce sera très facile pour vous, si vous lisez un peu lentement, comme je vous le recommande. Mais si vous vous hâtez, si vos lèvres « courent après vos yeux », — vous entendez ce que je veux dire, — si vous vous pressez de prononcer le mot à peine entrevu, sans prendre le temps de voir au delà, vous lirez sans comprendre, vous lirez mal. Et même vous ferez des fautes, de grosses fautes; s'il se rencontre un mot qui vous soit peu familier, et que vous ne puissiez pas deviner à moitié, mais que vos yeux devront épeler lettre à lettre, vous vous arrêterez tout court, vous hésiterez; ou bien vous lirez tout de travers, et l'on rira... Cela amusera peut-être les malins de l'*auditoire*, mais non pas vous...

Donc, rappelez-vous mes préceptes : à voix douce, sans effort, posément. Et maintenant commencez bravement. C'est un art, vous disais-je; eh bien, mon enfant, vous ferez votre apprentissage; c'est en forgeant qu'on devient forgeron. Ce sera « votre art » et vous y prendrez goût; vous serez fier à juste titre de votre rôle de lecteur, et vous ne le céderez pas volontiers : je vous connais, allez! Vous sentirez que vous faites plaisir, ce qui est un plaisir aussi, et le meilleur; l'heure de la lecture en famille sera pour vous la plus agréable récréation.

Lire seul, c'est un autre art. — Aux heures de la classe, vous lisez, vous étudiez assidûment. C'est un travail, un effort : il le faut; on ne devient pas un homme — j'entends un homme instruit — sans quelque peine. Mais on ne peut pas travailler toujours avec tant d'application; et vos parents, vos maîtres l'ont bien compris, vous voyez, puisqu'ils vous accordent chaque jour des heures de repos, et de plus, chaque semaine, deux jours presque entiers, deux jours sur sept! Jouez donc, et courez, à ces heures, à ces jours-là; faites un exercice qui vous mette « le sang en mouvement et le cœur en joie. » — Mais quoi! on ne peut pas toujours jouer non plus. N'avez-vous pas senti parfois le besoin d'une distraction moins bruyante, le désir d'être un peu seul et tranquille? Que j'aimerais vous voir alors vous promenant à pas lents dans quelque lieu paisible, au jardin, s'il se peut, ou mieux encore par les sentiers des champs, tenant en main un de vos livres, repassant la leçon de la veille, étudiant celle du lendemain! Une agréable manière d'apprendre ses leçons, je vous assure. On lit, on étudie, mais sans trop d'efforts d'attention. On ne craint pas de lever un instant les yeux; on marche, puis on s'arrête, on s'assied; on regarde autour de soi, on écoute un oiseau qui chante; on laisse aussi se promener un peu ses pensées. On s'est distrait un peu de sa lecture, mais on y revient; on ferme le livre, puis on le rouvre. Et ce qui est appris est appris. C'est l'étude à travers champs : tenez, appelons cela, si vous voulez, l'école *buissonnière*. — Charmante, mon enfant, celle-là; c'est la bonne, c'est la vraie : non pas l'*autre*... — Mais vous n'êtes pas obligé de ne jamais prendre pour compagnon de promenade que votre livre de classe. Qui vous empêche d'emporter un autre jour avec vous quelque livre instructif à la fois et agréable, un livre d'histoire, par exemple, ou d'histoire naturelle; un livre de voyages — c'est une attrayante lecture; — ou même quelque simple récit, s'il est bien écrit, fait pour votre âge, capable de faire naître en votre esprit de bonnes pensées, en même temps qu'il plaira à votre imagination? Même si vous habitez une grande ville, l'occasion se présentera bien, une fois ou l'autre, de réaliser ces projets que nous faisons; si vous demeurez à la campagne ou dans une petite ville, ce sera presque chaque jour, du moins dans la belle saison ; cela deviendra bientôt la plus heureuse habitude de votre existence d'adolescent. — Et si je vous vante ainsi les jouissances de la lecture, si je tiens tant à vous enseigner cet art de mêler ensemble deux choses excellentes, l'exercice du corps et l'exercice de l'esprit, de charmer vos promenades d'écolier avec un plaisir d'homme, c'est que j'en ai fait l'expérience, moi qui vous parle.

O mes promenades errantes, mes libres lectures à travers bois ! O mes chers livres, mes amis et mes compagnons ! Le bon plaisir, si vous saviez, les douces heures ! Ce sont là mes meilleurs souvenirs de ce temps où j'avais votre âge. Et comme je me les rappelle ! Il me semble que je vois encore l'étroit sentier le long des blés, les chemins creux remplis d'ombre fraîche ; l'arbre au pied duquel j'étais quand je lus telle phrase qui me frappa, me fit comprendre tant de choses que je n'avais jamais comprises ; la pierre moussue où j'étais assis quand je lisais cette page qui m'enchanta tellement que je la relus cinq fois de suite, et que je la sais encore tout entière par cœur aujourd'hui. — Oui, je sais bien qu'on dit que l'auteur ne doit pas parler de soi dans son livre... Mais qu'importe ? Ceci n'est-il pas une simple causerie entre nous ? Et pourquoi donc, puisque j'ai eu, moi, toutes ces heures charmantes, pourquoi ne vous le dirais-je pas, afin que vous ayez, vous aussi, les mêmes joies ? — Par les chemins tortueux de notre vallée, combien de fois j'allai marchant à l'aventure, repassant ligne par ligne ou répétant à demi-voix mes leçons d'écolier ? Plus âgé, j'y errai encore de même ; seulement mon compagnon avait changé : c'était le livre de science, mon nouveau *devoir*. — Croiriez-vous donc, vous enfant, que le *devoir* finit avec l'école ? — Le soleil devenait-il trop ardent, j'entrais sous le couvert des grands arbres. Quel silence dans le bois, à l'heure de midi ! La belle salle d'étude, vaste et fraîche ! Les troncs d'arbres, droits et élancés, sont les colonnes ; la voûte est de feuillage touffu.

Quelques rayons de soleil qui ont trouvé moyen de se glisser
entre les feuilles font sur l'herbe de petites taches arrondies
de clarté vive, flottante, qui au moindre souffle dansent et
scintillent, paraissent et disparaissent comme si elles se
jouaient... Voici une vieille souche renversée et moussue : il
ne faut pas d'autre siège. Comment ne pas bien étudier dans
une si belle salle, si paisible et si gaîment éclairée? Toutes
ces choses gracieuses autour de moi me récréaient et me faisaient trouver aimable mon gros livre tout bourré de chiffres
et de *figures*... D'autres fois c'était, comme je vous le disais,
un compagnon moins sérieux, quelque ouvrage d'histoire naturelle, par exemple. Quelle étude attrayante, celle-là, *amusante*, comme vous diriez, vous autres! — L'histoire naturelle, *la science de la nature*, quelle belle science ! Mais comme
elle est vaste ! Ou plutôt ce n'est pas une seule science, c'est
tout un ensemble de sciences, si compliquées, si difficiles,
que la vie d'un homme suffit à peine pour apprendre à fond
une seule d'entre elles, une seule ! N'est-ce pas effrayant? —
Oui; mais mon livre, lui, n'avait rien d'effrayant ni de difficile ; il laissait la haute science pour les savants; il m'enseignait seulement les *éléments* de la science, c'est-à-dire les
notions les plus simples et en même temps les plus importantes,
les plus utiles à connaître, les plus faciles à apprendre. Il
m'expliquait d'une façon toute familière une foule de choses
intéressantes et curieuses sur les animaux, les plantes, les
minéraux. Un jour, c'était un livre de *zoologie*[1] : il me décrivait les espèces d'animaux les plus remarquables de nos pays
et des pays lointains; il me disait dans quel *milieu* ces êtres
vivent, sur la terre, ou dans l'eau, ou dans l'air; en quels
climats; comment ils se meuvent et se nourrissent; quelle est
leur manière de vivre, leur instinct, l'utilité que nous pouvons en tirer. Et il me semblait voir, à mesure que je lisais

---

1. Histoire naturelle des animaux

ces descriptions, et le redoutable seigneur Lion à la forte griffe, et le tigre, ce terrible chat qui nous prend, nous autres, pour ses souris; et le difforme chameau, si utile pourtant; et l'énorme éléphant avec son immense nez, cette grosse bête qui a tant d'esprit! Que sais-je? — « Cet oiseau qui traverse l'air d'un grand vol, reconnaissez-le à son plumage; voilà comment il fait la chasse aux insectes, comment il construit son nid sur la branche. Cet insecte brillant, cette mouche qui voltige, elle a d'étonnants outils : une petite pompe pour sucer le suc miellé des fleurs au fond des *calices*, et de petites brosses pour recueillir la poussière dorée des *étamines*. Celui-ci, qui brille comme un rubis dans le rayon de soleil, est un menuisier qui a des scies et des vrilles pour scier et percer le bois; cet autre découpe les feuilles en dentelle avec ses petits ciseaux... » Ah! comment n'aurais-je pas pris plaisir à apprendre toutes ces gentilles choses? Mon livre de *botanique* me plaisait peut-être davantage. — En m'en revenant le long du sentier des prés, je cherchais parmi l'herbe les plantes décrites dans les pages que je venais de lire. N'est-ce pas une d'elles qui élève là-bas sa petite tête dorée? Vite, courons! D'une main je tenais le volume ouvert, pour relire ligne par ligne. « Tige verte, ronde, frêle et élancée; feuilles délicatement découpées de fines dentelures, fleurs en rosettes, etc., etc... » ainsi disait le texte. Et j'examinais curieusement ma plante, pour voir si chaque partie correspondait bien à la forme décrite; je comptais les *pétales* de la fleur, les *étamines*, les petites *logettes* du fruit. — « Est-ce bien cela? Victoire! oui, c'est elle. Merci, mon livre! » — Et quel plaisir de pouvoir dire : « Fleurette des prés, tu t'appelles de tel nom! »

« Eh bien, j'aimerais mieux encore savoir le nom des étoiles du ciel, me disais-je. Si seulement je savais le nom de celle-là, si belle, que je regardai si longtemps l'autre soir, et qui brillait juste en face de ma fenêtre... » Comme je fus

fier, pensez, quand j'arrivai à reconnaître au ciel quelques-
unes des étoiles les plus brillantes et des *constellations*[1] principales : les deux *Ourses*, l'étoile polaire, la *Lyre*, le *Cygne*, et
l'immense *Orion* dans les grandes nuits d'hiver; et la *voie
lactée* pâle, comme un sentier presque effacé à travers les
étoiles. Mon petit livre d'astronomie me disait bien d'autres
choses encore. « Les étoiles sont des soleils; chacune de ces
étincelles est un monde. Le beau soleil lui-même est une
étoile, parmi les autres étoiles ses sœurs. — Mais notre terre
aussi est un astre du ciel! Elle brille dans la nuit comme une
petite étoile à la lueur tranquille et verdâtre, errante à travers l'espace; et peut-être de quelque planète lointaine on
nous regarde passer... » N'est-ce pas pour en rêver? Mais je
fus vraiment effrayé quand un autre livre m'apprit que la terre
elle-même a été, il y a des millions et des millions d'années,
un globe brûlant, une immense boule de feu. Il me disait
comment, avec le temps, cette boule se refroidit; comment les
eaux s'étendirent à la surface. Puis il me racontait les vastes
étendues des continents sortant peu à peu du fond des mers en
se soulevant lentement; les puissantes chaînes de montagnes
se dressant, les unes après les autres, avec des bouleverse-
ments épouvantables, près desquels les plus terribles érup-
tions de nos volcans ne sont rien... Il me parlait d'immenses
forêts englouties à d'énormes profondeurs; de plantes étranges
qui ont existé et qui n'existent plus nulle part; d'animaux de
formes bizarres et effrayantes qui vivaient autrefois dans nos
pays mêmes, et qui ont disparu à jamais. — J'étais étonné :
personne ne m'avait dit cela! J'étais comme ébloui; et dans
mon imagination je tâchais de me figurer toutes ces choses
prodigieuses, qui me semblaient plus *magiques* mille fois et
plus incroyables que des contes de fées. « C'est la simple vé-
rité pourtant, me disait le livre : voici les preuves. » Et il me
faisait reconnaître des roches produites par le feu et d'autres

1. Groupes d'étoiles

formées dans les eaux; il me faisait trouver jusque dans la
pierre des débris de ces êtres qui ont vécu et qui n'existent
plus nulle part. — Oh! alors je compris que la science aussi
a sa *magie*, je veux dire ses merveilles, capables de ravir l'i-
magination! Je me dis aussi que la *géologie*[1] était une belle
science, et je me promis bien de l'étudier plus tard.

Sur le rivage, en face de l'Océan, j'ai lu des livres de géographie et de *voyages*. J'étais assis sur un rocher gris et nu;
devant moi s'étendait la grève humide; puis, au delà, l'immense, immense mer. Je voyais l'horizon comme une longue
ligne tirée, nette et droite, entre le ciel et l'eau; puis parfois,
isolés et comme perdus sur la vaste étendue, deux ou trois na-
vires qui s'éloignaient de la terre. Où allaient-ils? aux beaux
pays que mon livre me décrivait, peut-être? Je les suivais en
imagination. Je cherchais à me figurer les îles lointaines, les
continents encore sauvages, les climats étrangers, avec leurs
plantes, leurs animaux, si différents des nôtres, et les mœurs
curieuses de leurs habitants. Et ces hardis voyageurs, ces
« découvreurs de terres inconnues », comme ils m'intéres-
saient! Quelles aventures étonnantes! Qu'ils étaient courageux, ingénieux, patients! Comme j'avais peur pour eux, s'ils
couraient quelque danger; comme j'étais joyeux quand ils
étaient échappés, sains et saufs, au naufrage! S'intéresser
aux hommes, à leurs actions, à leurs projets, c'est là un des
plaisirs aussi de la lecture de l'*histoire;* l'autre, c'est de se
représenter, par la pensée, les objets, les lieux, les scènes.

Souvent, prenant le sentier raide de la colline, je me diri-
geais vers les ruines du vieux château. Le lieu est abandonné
et sauvage; les pentes sont couvertes de bois et de taillis; au
pied de la colline il y a un grand étang dormant, entouré de
roseaux. Je m'asseyais à l'ombre d'une tour à demi écroulée.
Mon livre me parlait des temps lointains, des anciens sei-

____

1. Science des roches, de leur formation, de la structure du sol, etc.

gneurs du moyen âge, de leurs guerres, de leurs forteresses sombres. Et moi, je voyais une de ces vieilles demeures, autrefois remplie d'hommes d'armes et de serviteurs, maintenant déserte, presque détruite. Voici la grosse tour, le donjon. Comme les murs sont épais! Ces fenêtres étroites percées obliquement ont l'air de regarder de travers la vallée, la route, les passants. Là-haut sont les *créneaux; les archères,* petites fenêtres étroites pour lancer des flèches; les *mâchicoulis,* trous pour jeter des pierres sur la tête des assiégeants... car tout est fait ici pour la guerre; tout dit la défense et la défiance. A cet endroit était la porte, et, là devant, le fossé, à demi comblé aujourd'hui; ici le *pont-levis;* plus loin la *herse de fer,* qui s'abaissait dans une coulisse de pierre pour fermer le passage. Quand un chevalier se présentait pour entrer dans le château, il *sonnait du cor* pour avertir de sa présence... Ah! je comprends : il n'aurait pas pu frapper à la porte, le pont-levis était relevé. — Cette petite tourelle si élancée, avec un escalier de pierre en spirale, n'était-ce point la *guette* pour voir au loin, guetter si quelque ennemi n'approchait pas? La nuit, tandis que tout dormait dans le château, le guetteur veillait là-haut, regardant la campagne par cette petite fenêtre en forme de fente étroite. Avait-il froid, avait-il peur, tout seul dans la nuit, quand le vent sifflait par les créneaux? Et au bas de cette tour, quel est ce soupirail au ras de terre, à demi obstrué par les décombres? Ce trou noir, c'est le cachot, l'affreuse prison humide, sans jour. Ah! c'est donc là que le haut et puissant seigneur, maître de ce pays, enfermait ses vassaux rebelles, ses serfs coupables — ou innocents, peut-être? car c'était lui qui était le juge! Cet espace vide où l'herbe croît, tout encombré de pierres écroulées et de buissons épineux, c'était la cour d'honneur : ici le baron et ses hommes d'armes montaient à cheval quand ils partaient pour la guerre ou pour la chasse. — Où donc était la demeure du châtelain? Et la *salle d'armes* des gardes?

Et la grande salle des festins? Ici peut-être? — Et alors mon livre me racontait les fêtes brillantes, les *tournois*, les joutes devant les nobles dames; les *chevaliers* avec leurs riches armures, les *écuyers* conduisant les coursiers, déployant au vent les bannières, tandis que les trompettes sonnaient et que la foule criait : « Noël! noël[1]! » — Ou bien c'était dans la grande salle du château, sombre, haut voûtée; le festin finissait, la nuit tombait, les flambeaux étaient allumé   A la place d'honneur le seigneur était assis; autour de lui les chevaliers, les dames; plus loin les jeunes *pages*. Ce soir-là, des trouvères sont venus embellir la fête de leurs chants. Mon livre me décrivait leurs costumes, leurs instruments, leurs petites harpes et leurs violes[2], dont ils accompagnaient leurs voix. — « Ils commencent : ce sont de longues chansons en vieux langage, des récits de batailles et d'aventures merveilleuses : Roland le preux[3] mourant à Roncevaux; le grand roi Arthur et ses chevaliers; ou bien encore les exploits fabuleux des croisés en Palestine, guerroyant contre les Sarrasins. Puis l'un dira quelque chansonnette vive et railleuse, qui excite la gaieté des auditeurs; un autre, à son tour, va chanter un *lai*[4] gracieux, sur un air plus doux et plus lent; tous écoutent, émus et silencieux... » — Voilà ce que me décrivait, ce jour-là, mon livre; et une autre fois c'étaient d'autres récits aussi intéressants ou plus intéressants encore; car il y a des choses charmantes dans l'histoire; des choses curieuses, étonnantes; — des choses bien tristes aussi parfois, mon enfant. — Un peu plus tard, dans ces tranquilles lieux, je lus des *livres de poésie*. J'avais seize ans alors, et ceux-là m'enchantaient encore plus que tous les autres. Combien de fois je m'égarai par les petits sentiers du bois, sans

---

1. Cri de joie au moyen âge.
2. Grands violons.
3. Le héros
4 Chant.

songer à retrouver ma route! Combien de fois j'oubliai
l'heure et la distance! Le jour baissait, et les lignes commen-
çaient à s'effacer sur la page : je levais les yeux, et je voyais
les lueurs rouges du couchant derrière les grands arbres...
— Mais voilà que je m'attarde aussi, en ce moment, à vous
raconter mes lectures d'autrefois et toutes les jouissances
qu'elles m'ont données. Je m'arrête donc, et je vous dis seulement une fois encore et en deux mots : Essayez-en par
vous-mêmes. Vous y trouverez les mêmes plaisirs, peut-être
davantage encore. Le plaisir d'apprendre, et celui de savoir;
celui d'imaginer, et celui d'être ému... tout cela est renfermé
dans ce trésor : *un bon livre, un beau livre!*

Un bon livre, cela veut dire un livre *utile*. — Les livres de
science, les livres d'instruction sont utiles, je n'ai pas besoin
de vous le dire. Mais il y a d'autres livres utiles que les ouvrages d'enseignement. En général, tout livre qui dit des
choses vraies est utile; car tout ce qui est vrai est bon à connaître : il n'y a point de mauvaises vérités, comme il n'y a
point de bonnes erreurs... Et si le livre que vous lisez vous
fait penser, réfléchir, si à ces pensées qui vous viennent vous
vous sentez devenir meilleur et plus heureux, ou bien encore
s'il vous fait comprendre et sentir de belles choses... ah! le
beau aussi est *utile!* Même un livre de récréation, un récit
imaginaire par exemple, peut avoir son intérêt. A certains
moments il nous fait du bien en reposant notre esprit fatigué,
en le remplissant d'idées agréables et qui viennent sans effort; il nous rafraîchit comme une tranquille promenade par
les champs, après le travail. Ce n'est qu'une distraction, mais
c'est une distraction intelligente; et si nous n'y donnons pas
plus de temps qu'il ne convient, celui-là aussi sera pour nous
un livre utile, un bon livre.

Un bon livre... Mais il y en a donc de mauvais? —Oui, mon
enfant, il y en a. Et tenez, — je ne sais, mais j'imagine que
vous avez une certaine curiosité de savoir ce que cela peut

être, un *mauvais livre*. On ne vous l'a pas dit? Eh bien, je vais vous le dire.

Mais d'abord je veux vous faire une comparaison. Peut-être avez-vous déjà entendu dire que la lecture est comme un aliment, une nourriture pour l'esprit. Or tous les aliments du corps ne conviennent pas également à toutes les personnes, à tous les âges; certaine nourriture qui va parfaitement à un homme robuste ferait du mal à une personne faible; un bon verre de vin, qui soutiendra les forces d'un vigoureux travailleur au cours d'une rude tâche, ferait tourner la tête à un enfant. Vous savez cela. Et vous admettrez qu'il en soit de même aussi de la nourriture de l'esprit. Tous les livres ne conviennent pas à toutes les perso nnes, surtout à des enfants comme vous, qui savent encore trop peu pour tout comprendre et tout juger. Et alors vous ne serez pas étonné qu'une grande personne, votre père, par exemple, ou votre maître, vous dise un jour, si vous lui demandez tel livre : « Mon ami, ce livre n'est pas fait pour être lu par toi maintenant. Les choses dont il parle, tu n'es pas encore en âge de les comprendre comme il faut les comprendre, ni de les juger comme il faut les juger. Tu le liras plus tard. »

Mais que certains livres puissent ne pas convenir à certaines personnes ni à un certain âge, que d'autres aussi, frivoles, inutiles pour le moins, ne soient bons qu'à faire perdre du temps à ceux qui les lisent, ce sont là des choses que je voulais vous dire en passant seulement; et je reviens à notre question, car nous n'en finirions pas s'il fallait vous expliquer tout en détail. Laissant donc de côté ce qui est secondaire, je vais vous dire en deux mots le fond des choses. Qu'est-ce qu'un *mauvais livre?* — C'est un livre *qui ment*. Un livre qui vous donne pour vrai ce qui est faux, et pour faux ce qui est vrai, est un mauvais livre. Un livre où l'on cherche à vous faire croire ce qui est démontré impossible, un livre qui vous raconte une fable imaginaire et qui vous dit : « Ceci est de l'his-

toire » : il est mauvais, car il vous trompe, comme un men-
teur qui vous duperait pour tirer profit de votre erreur. Un
livre qui vous donnerait pour juste ce qui est injuste, pour
utile et bon à faire ce qui peut vous nuire et vous rendre malheureux, celui-là aussi serait un mauvais livre : comme un
compagnon donneur de méchants conseils, qui vous détourne
de vos devoirs, gâte les bons sentiments de votre cœur et le
bonheur de votre vie. — Le grand mal, en toute chose,
voyez-vous, c'est le mensonge!

Un beau livre, cela s'entend surtout, évidemment, de ce que
contient le livre, des idées, des sentiments qui y sont exprimés.
Si en le lisant il nous semble à chaque instant que notre intelligence s'agrandit, si nous nous sentons émus par des pensées
généreuses, ah! fût-il mal imprimé, vieux, sale, en lambeaux,
c'est un beau livre! Il est beau pour l'esprit. — Mais je ne
vous défends pas d'aimer aussi qu'un livre soit beau pour les
yeux. Certes, un volume élégant, bien imprimé, sur un beau
papier blanc et fin, avec une jolie reliure décorée de riches
ornements, de brillantes tranches dorées, c'est un objet fort
agréable; et vous n'êtes pas seuls à aimer cela, vous autres
enfants; les hommes, et même les plus sérieux, ne le dé-
daignent pas. Aimez-vous dans un livre les jolies gravures,
les vignettes, les images? Oui? Moi aussi, je suis de votre goût.
Cette beauté matérielle a bien son mérite; elle vous plaît fort,
je ne vous en blâme point; et même j'espère que vous l'ap-
précierez mieux encore quand je vous aurai expliqué par
quels travaux ingénieux et délicats on obtient cette gracieuse
apparence qui charme nos yeux.

Je viens de vous dire quels plaisirs vous pouvez attendre des
diverses sortes de livres qui peuvent convenir à votre âge. Si
donc, aujourd'hui ou plus tard, vous êtes à même de choisir,
voyez ce qui convient le mieux à votre caractère, à votre tempérament, ce qui a pour vous le plus d'attrait. Choisissez

suivant vos goûts, je le veux bien ; mais si vous êtes sages, vous choisirez aussi et surtout suivant vos besoins.

Car il est des livres pour tous les besoins de notre intelligence, comme il en est pour tous les goûts et pour tous les âges. Il en est de tant de sortes, ou, comme on dit, de tant de *genres* différents ! je n'en finirais pas de vous les citer tous Disons seulement un mot des principaux *genres* d'ouvrages qu'il peut vous être utile de connaître.

Tout d'abord, il y a les ouvrages DIDACTIQUES, c'est-à-dire les livres d'enseignement ; et bien entendu, il en est autant d'*espèces* qu'il y a de choses différentes à enseigner.

Pour qui veut étudier les *sciences*, il y a des ouvrages *scientifiques :* des livres de *mathématiques*, par exemple, des livres de *physique* et de *chimie*, d'*astronomie*, où l'on apprend à connaître les divers *phénomènes* de la nature et la structure de l'univers; des livres d'*histoire naturelle*, où il est traité des minéraux, des plantes, des animaux. Nous aussi nous faisons partie de la nature ; l'étude de la structure du corps humain, de nos organes et de leurs fonctions, etc., est aussi une science naturelle : les livres qui enseignent ces connaissances sont surtout utiles aux médecins. Mais il en est aussi qui traitent de notre intelligence, de nos facultés, de la façon de concevoir des idées et de former des raisonnements, et autres questions semblables ; ceux-là sont souvent appelés ouvrages de *philosophie*. — D'autres enfin nous enseignent la grande science de bien vivre, la science des devoirs et du bonheur : ce sont les livres de *morale*.

Les ouvrages *historiques* traitent des choses de l'histoire. Mais dans ce vaste ensemble que nous désignons par ce mot, l'*histoire*, il y a bien des parties distinctes. Ainsi chaque époque, chaque peuple a son histoire, que l'on peut étudier à part ; chaque individu même a sa *biographie*. De plus, on peut aussi faire l'histoire de l'*industrie*, des *arts*, des *coutumes*, des *lois*, des *religions*, etc., et pour chacun de ces sujets appartenant à la science historique il y a des livres spéciaux.

Ce n'est pas tout encore : pour chaque art, pour chaque industrie, il y a ce qu'on appelle des ouvrages *techniques*, où sont enseignés les procédés des divers travaux, et, en un mot, toutes les connaissances nécessaires à ceux qui veulent pratiquer cet art ou cette industrie. Ainsi il y a des livres *d'architecture*, de *peinture*, de *musique*: d'autres enseignent la construction des machines, d'autres le travail des métaux, etc., etc.

Remarquez encore que, parmi les ouvrages didactiques, les uns enseignent les choses les plus difficiles des diverses sciences, et ceux-là sont destinés aux savants; les autres enseignent seulement les *éléments* de chaque sorte de sciences : ce sont les livres *élémentaires*. Tels sont vos livres de classe, *grammaires, arithmétiques, géographies*, etc., qui ne sont pas toujours très divertissants, il est vrai... mais qui vous rendent tant de services, et loin d'être la cause de vos ennuis, comme se l'imaginent certains mauvais écoliers, vous épargnent, au contraire, tant d'efforts, tant de peines!

Mais il est d'autres livres, qui ne sont pas faits pour nous enseigner ni un art, ni une science, mais pour remplir notre imagination d'idées agréables et belles, pour nous faire éprouver ce plaisir, cette émotion que nous éprouvons en face de toute belle chose ; un plaisir semblable à celui que nous ressentons, par exemple, en regardant un bon tableau, en écoutant une musique harmonieuse, ou en entendant raconter un récit attachant. Ces sortes de livres sont appelés des ouvrages de LITTÉRATURE. Leur but est de nous faire *sentir le beau*, comme le but des ouvrages didactiques est de nous faire *connaître le vrai*.

Parmi les livres de littérature, les uns sont écrits en *vers* et sont plus spécialement désignés sous le nom d'ouvrages de poésie. Nous remarquerons surtout les *poèmes épiques*,

qui sont de longs récits en vers; les *poésies lyriques*, faites
pour être chantées ou du moins comme pour être chantées;
les ouvrages *dramatiques*, c'est-à-dire destinés à être repré-
sentés sur le théâtre : les *tragédies*, qui sont sérieuses et
tristes, faites pour émouvoir, les *comédies*, qui sont spiri-
tuelles, faites pour exciter la gaieté. Beaucoup d'ouvrages
littéraires sont écrits en simple *prose :* des pièces de théâtre
encore, des descriptions, des récits. — Certains récits ima-
ginaires sont appelés *romans :* ce nom leur vient de ce
qu'au moyen âge ces sortes de livres, faits pour être lus
et compris de tous, étaient écrits en langue *romane*, comme
on disait alors, c'est-à-dire en français, en *vieux français;*
tandis que les *livres* de science et d'histoire, destinés aux
clercs, aux savants de ce temps, étaient écrits en latin. — Je
dois encore vous citer les livres *sacrés* des différentes religions, les livres d'*hymnes*, de prières, et autres semblables;
ceux-là, dans l'antiquité et au moyen âge, étaient les plus
nombreux de tous.—L'ensemble des ouvrages qui nous restent
de l'*antiquité*, et qui sont écrits dans les diverses langues anciennes, forme ce que nous appelons la *littérature ancienne;*
parmi ces ouvrages il en est de très beaux, que les hommes
instruits doivent lire, étudier avec soin. La *littérature moderne* comprend de même les ouvrages littéraires écrits de
nos temps, dans les diverses langues qui se parlent encore
aujourd'hui.

Quel que soit le genre d'ouvrage, la chose dont il est
traité dans un livre est dite le *sujet*, ou bien encore la *matière*. Les idées qui y sont exprimées constituent le *fond*,
c'est-à-dire l'essentiel, la chose importante; et la façon dont
elles sont présentées est ce qu'on appelle la *forme*, dans l'art
d'écrire. Le *style* — je vous dirai bientôt d'où vient ce mot,
— le style d'un auteur, c'est sa manière d'écrire, d'exprimer
ses pensées, de tourner ses phrases. Évidemment le style
d'un ouvrage doit être en rapport avec le *sujet*, comme la

façon de s'exprimer en parlant varie suivant ce qu'on a à dire. Ainsi le style d'un ouvrage *didactique* doit surtout être simple et clair : la première qualité d'un enseignement est d'être facile à comprendre. Le style d'un livre d'histoire ou de morale devra être sérieux comme les paroles d'un homme qui expose des idées importantes et graves; et au contraire, un livre de récréation, destiné surtout à nous distraire, peut être écrit d'un ton plus enjoué, comme celui d'une conversation gaie entre des personnes de bonne humeur. Mais de plus chaque écrivain a *son style* à lui, plus ou moins différent de celui des autres, plus ou moins facile à reconnaître. — On parle, on écrit comme on pense. Or chacun a sa façon de penser et de sentir; chacun a son caractère, son tempérament, sa *tournure d'esprit*. Et puisque les idées sont différentes, il est tout naturel que la manière de les rendre soit différente aussi.

Dans un livre, comme en toute chose, il faut de l'ordre. Pour rendre l'ensemble plus clair, et la suite des idées plus facile à saisir pour le lecteur, on partage ordinairement le *texte* d'un ouvrage en plusieurs parties, qui sont les *divisions* de l'ouvrage. Les parties principales d'un ouvrage sont souvent appelées *livres;* et vous verrez en tête de certaines pages : *Livre premier, livre second,* au lieu de *première, deuxième partie.* Chacune de ces parties contient d'ordinaire plusieurs *chapitres,* et chaque chapitre est parfois partagé en fractions que l'on nomme *paragraphes.* Chaque division, grande ou petite, porte un titre annonçant ce dont il va être question. Cet ensemble est dit le *corps* de l'ouvrage. Très souvent il est précédé d'une *préface* ou d'un *avertissement,* c'est-à-dire d'un certain nombre de pages où l'auteur expose ses intentions, le but de son travail. Une *introduction* est une partie du livre destinée à préparer le lecteur à bien comprendre ce qui va suivre. Enfin parfois le livre est terminé par une *conclusion,* qui est comme un résumé des idées exposées dans le livre. Vous savez que certains ouvrages très longs ne peuvent tenir en un seul volume; on en forme alors plusieurs volumes ou *tomes*, qui contiennent chacun une ou plusieurs *divisions* du texte.

Avant de finir notre causerie, je veux encore répondre à une question qui depuis longtemps déjà, j'en suis sûr, vous trotte par la cervelle. Comment écrit-on un livre? Comment un auteur travaille-t-il? — Oh! d'une façon très simple. Le volume imprimé que vous avez sous les yeux quand vous lisez n'a jamais passé, bien entendu, par les mains de l'auteur. Celui-ci écrit un livre absolument comme vous écrivez un cahier de devoirs, avec la plume, sur du papier. Le reste regarde l'imprimeur. C'est l'imprimeur seul qui est chargé de *recopier*, pour ainsi dire des milliers de fois, par les procédés que je vais bientôt vous décrire, le *manuscrit* de l'auteur. — Voulez-vous écrire un livre? Tenez; voici une plume, de l'encre, un beau grand cahier de papier tout blanc... et puis pensez, cherchez, imaginez; mettez vos idées en ordre, trouvez par où commencer; tirez-vous d'affaire comme vous pourrez, et tâchez surtout de faire quelque chose d'utile et d'intéressant! — Et maintenant, mon jeune lecteur, si jamais vous vous êtes mis dans la tête que le *métier d'auteur* soit un métier de fainéant... Oh non, non! détrompez-vous. Un livre, cela se dit aussi un *ouvrage*, ou bien encore une *œuvre;* et le mot dit bien : c'est une œuvre en effet, sérieuse, longue, difficile, un travail parfois très fatigant et très pénible, toujours demandant beaucoup d'assiduité et d'application.

Je ne parle pas, vous disais-je, de l'assiduité, de l'application que peut coûter l'action d'écrire, le labeur matériel de couvrir tant de pages de papier... Écrire, voyez-vous, tracer l'écriture, cela ne compte pas dans le travail de l'auteur. La plume est un petit outil léger, docile, qui ne fatigue pas la main comme la bêche, ou le marteau, ou le rabot. — Non;

mais c'est le champ des idées qu'il faut défricher; ce sont les phrases qu'il faut forger, c'est le style qu'il faut polir... vous comprenez ce que je veux dire par toutes ces *métaphores*[1] — Avez-vous seulement une idée de ce que c'est que le travail de la pensée? Oui sans doute, s'il vous est arrivé d'avoir à faire un *devoir* d'école bien difficile, ou plutôt encore une *composition* pour un concours, pour un prix. Cherchiez-vous avec effort au fond de votre mémoire, le sourcil froncé, les coudes sur la table, le front appuyé sur les mains? Vous donniez-vous de la peine pour trouver les idées, pour les combiner, les mettre en ordre? Même ce que vous saviez le mieux ne devenait-il pas difficile quand il s'agissait de trouver les mots pour le dire? Tourniez-vous et retourniez-vous dix fois la phrase avant de l'écrire? la corrigiez-vous deux fois, trois fois, sur votre brouillon tout chargé de ratures? — Et quand l'heure avait sonné, votre copie achevée, relue, ne vous sentiez-vous pas la tête lourde et tout enfiévrée, un besoin extrême de prendre l'air, de jouer, de reposer votre esprit — heureux que la tâche fût finie, non pas complètement satisfaits pourtant de votre résultat? Eh bien, ce que vous avez fait là, était, dans la proportion de votre âge et avec la différence du petit au grand, un premier essai du *travail intellectuel*, quelque chose comme une expérience du métier d'écrire. Pour ce qui est de l'application au travail, voyez-vous, la vie d'un écrivain, c'est « une composition des prix qui dure toujours ».

Évidemment, pour être capable d'écrire un livre, j'entends un livre bien fait et réellement utile, l'auteur doit être un homme très instruit en toutes choses; et pour le devenir il lui a fallu passer des années et des années à étudier. Or cela doit compter, il me semble, ce travail de toute une vie! Mais de plus il lui faut connaître tout spécialement, posséder à fond, comme on dit, son *sujet*, la chose dont il doit parler dans son

1. Comparaisons.

livre Cette *matière* sans doute lui est déjà familière; depuis longtemps il s'occupe de semblables idées. Et voilà qu'au moment de se mettre à écrire il s'aperçoit qu'il lui manque encore bien des choses. Il est obligé de se remettre à l'étude. Il observe, il pense, il réfléchit; il lit, il lit surtout! Pourquoi? C'est qu'avant d'exprimer ses idées à lui, il veut savoir ce que les autres ont dit, pensé, imaginé, découvert sur le même sujet. Pour écrire seulement un petit livre, combien, ah! combien il faut en avoir lu de gros!

Surtout un ouvrage de science, un ouvrage d'histoire, coûtent à leur auteur beaucoup de *recherches*. Prenons pour exemple un historien qui veut écrire le récit d'un certain évènement des temps anciens. Il faut tout d'abord, n'est-ce pas, qu'il s'informe aussi exactement que possible de la manière dont les choses se sont passées, de la date, du lieu; il faut qu'il connaisse la façon de vivre et de penser, les idées et les mœurs des gens de ce temps, pour pouvoir comprendre et juger leurs actions. Pour cela, il devra *compulser*[1] les auteurs anciens, ceux de cette époque surtout, s'il est possible. Or les livres de ces auteurs anciens sont écrits en des langues anciennes, étrangères, difficiles... il faut qu'il connaisse ces langues. Et ce n'est pas tout : il faut qu'il recherche tout ce qu'il peut trouver par ailleurs de *documents*, c'est-à-dire de renseignements de toute sorte sur les choses dont il veut parler. Cet homme de science a bien chez lui des livres, beaucoup de livres; mais ils ne lui suffiraient pas. Il faut qu'il passe des heures et des heures dans les grandes bibliothèques publiques, où il peut trouver des livres rares et précieux. Là, silencieux, recueilli, il lit, il examine, il compare; il prend des *notes* pour retrouver les faits, les idées, les dates aussi, qu'il pourrait oublier. Il va aux *archives*, c'est-à-dire aux lieux où l'on conserve avec le plus grand soin d'anciens

1. Feuilleter, étudier.

papiers et parchemins qui peuvent fournir des renseignements utiles pour l'histoire. Il va étudier dans les *musées*, où sont réunis, classés, exposés dans de vastes salles les objets qui nous restent du temps passé : des vêtements, par exemple, des ustensiles, des outils, des armes; des dessins, des tableaux, des statues; toutes ces choses aident l'homme instruit à se faire une idée juste de la manière de vivre, de travailler, de se battre, etc., des hommes dont il veut écrire l'histoire, de leurs goûts, de leurs croyances et de leurs idées. S'il n'agit pas ainsi, cet historien, s'il ne se donne pas toute cette peine, son livre n'aura ni valeur, ni utilité. Les auteurs d'ouvrages d'imagination — vous vous rappelez ce que ce mot veut dire — n'ont pas tant de recherches à faire; mais aussi, en revanche, il faut qu'ils tirent tout de leur tête...

Et pour prix de tant de labeur, les auteurs, hommes de science ou hommes de lettres, gagnent-ils beaucoup d'argent? font-ils fortune? — Non; ou du moins c'est rare. Les meilleurs même et les plus célèbres, s'ils n'ont pas d'autres ressources, avec le produit de leur travail vivent modestement, et c'est tout. — Que celui qui écrit un livre en tire profit comme il ferait de tout autre travail, c'est justice, n'est-ce pas? Mais, tenez, celui qui ne ferait des livres que pour gagner de l'argent serait un pauvre auteur et ne ferait rien de bon.

Mais pourquoi donc écrit-on alors, vous dites-vous peut-être en vous-mêmes, si cela coûte tant de peine et rapporte si peu? — Pourquoi on écrit? Mais dites, pourquoi parle-t-on? Pour communiquer sa pensée. Dire ce qu'on pense, c'est un besoin. Nous sommes des êtres *sociables*, faits pour vivre ensemble, et pour échanger nos pensées. — Dès qu'il vous vient, à vous, une idée, n'éprouvez-vous pas le désir d'en faire part à quelque autre? Les idées, voyez-vous, n'aiment pas à rester prisonnières; elles ne demandent qu'à s'envoler, comme des oiseaux... — Mais parlons sérieusement : quand on a une idée, qu'on la croit bonne et utile, on désire la faire connaître aux autres, par la parole ou par l'écriture. C'est une chose naturelle ; c'est même un devoir en certains cas. — On écrit comme on parle, et pour les mêmes raisons : pour faire savoir aux autres ce qu'on sait, pour leur faire croire ce qu'on croit, pour leur faire aimer ce qu'on aime et haïr ce qu'on hait : on écrit, en un mot, pour *enseigner* et pour *persuader*. Celui qui écrirait, même un ouvrage d'imagination, seulement pour *amuser*, sans se donner en même temps pour but de rendre son lecteur plus instruit, meilleur, plus capable de comprendre le bien et le beau, celui-là ferait un livre de nulle valeur, et ce serait du temps perdu que de le lire.

PREMIÈRE PARTIE
LE LIVRE AUTREFOIS

———

CHAPITRE PREMIER

L'ÉCRITURE ET LE LIVRE AVANT L'IMPRIMERIE

L'ÉCRITURE ET LE LIVRE EN ORIENT

Lire, écrire, choses simples! faciles! Comment! mais cela se fait tout seul! Un coup d'œil rapide sur la ligne — à peine si votre regard s'arrête sur chaque mot — et, sans effort, aussi rapidement que la parole peut suivre la pensée, vous *prononcez,* ou tout haut, ou tout bas en vous-mêmes, ce qu'il y a d'écrit là, ce que représentent ces lettres réunies en petits groupes serrés, noires sur le papier blanc. Vous ne vous souvenez plus, n'est-ce pas, de la peine qu'il vous en a coûté pour apprendre à lire; l'épellation monotone, l'ennui de déchiffrer lettre à lettre... tout cela, c'est passé, c'est effacé. Restent l'avantage acquis, l'utilité, le plaisir : oubliés l'effort, le labeur. Et si bien oubliés, que si quelqu'un s'avisait de prétendre que les lettres sont difficiles à reconnaître, vous partiriez d'un joyeux éclat de rire. Voulez-vous parler de quelque chose de facile, vous dites: « Simple comme l'A B C! » — Écrire, est-ce donc plus difficile? La plume court sur le papier, les lettres viennent pour ainsi dire toutes seules se mettre les unes au bout des autres pour former chaque mot; vous n'avez pas conscience de faire effort pour le chercher. Eh oui!

lire, écrire sont des choses faciles pour vous, pour moi. Pourquoi? Parce qu'à vous et à moi on a enseigné pour cela des moyens tout trouvés; on nous a donné, pour ainsi dire, la chose toute faite.

Mais supposez qu'on ne vous l'ait pas appris, cet *art* de l'écriture, et qu'il vous faille l'*inventer*. Or la chose ne s'est pas trouvée toute seule; il a bien fallu qu'on l'inventât! Me croirez-vous si je vous dis que l'écriture — et la lecture par suite, — c'est, après le langage, la plus étonnante, la plus merveilleuse des inventions? Me croirez-vous si je vous dis qu'il a fallu aux hommes des siècles et des siècles, des milliers d'années d'étude, de travail, des efforts de génie, pour en arriver à trouver cette chose toute simplette, la première chose qu'on apprend aux enfants de cinq ans à l'école : l'*alphabet*? Tenez, pour mieux vous le faire comprendre, laissez-moi vous raconter une curieuse histoire : cela s'appellera, si vous voulez, l'*Histoire de l'A B C.*

Mais d'abord, qu'est-ce qu'écrire? Écrire, c'est communiquer sa pensée par le moyen de *signes tracés.* Communiquer une pensée, cela veut dire : faire venir à l'esprit de quelqu'un, à l'aspect de signes tracés, une idée, l'idée qu'on a soi-même dans l'esprit. Or, pour en arriver là, il y a deux manières de s'y prendre tout à fait différentes. Je veux, par exemple, faire venir à votre esprit l'idée d'un certain personnage que vous connaissez; j'ai un moyen simple, *direct :* je vous dessine son portrait. En l'apercevant, le souvenir vous revient, et vous dites : « Voilà monsieur un tel, en peinture! » Mais j'ai un autre moyen aussi : j'écris son nom... Ces lettres assemblées ne représentent pas du tout ce monsieur, n'est-ce pas? Que représentent-elles? Tout simplement le bruit que fait son nom quand on le prononce. Les lettres figurent les *sons* de ce *nom,* et le nom nous fait penser à la personne. C'est une façon *indirecte* et détournée d'appeler votre pensée, un procédé à deux degrés, en deux temps, pour ainsi dire.

Autre exemple. Voici un petit trait doublement courbé : 3.
Ce simple signe entrevu fait arriver à notre pensée une idée,
l'idée du nombre *trois*. Il rappelle, il représente *directement*
cette idée. Mais si je vous écris en cinq lettres t r o i s,
ce t, cet r, cet o, etc., par eux-mêmes n'ont aucun rapport
avec trois unités. Ces lettres groupées figurent seulement les
sons du *mot parlé*, qui est le *nom* du nombre. Donc deux manières de traduire la pensée par des signes tracés : deux sortes
d'écritures en un mot. La première, c'est l'écriture dont les
signes, de même que nos chiffres, représentent directement
les idées : c'est ce qu'on nomme l'*écriture idéographique*
(figurant l'idée). La seconde, c'est l'écriture dont les signes
représentent, comme nos lettres, les sons du langage parlé :
on l'appelle l'*écriture phonétique* (figurant les sons). Vous
comprendrez mieux encore ceci tout à l'heure : je viens à mon
récit.

Donc c'était en Égypte, il y a bien longtemps, cinq mille
cinq cents ans ou six mille ans au moins, peut-être davantage.
— L'Égypte alors était déjà une grande nation, civilisée pour
ce temps-là, au milieu des autres peuples barbares ou sauvages;
ayant de riches cultures sous un ciel magnifique, des villes
populeuses, des chefs, des lois, une religion, des prêtres —
qui étaient à peu près les maîtres, — des savants. C'est là que
nous trouvons la plus ancienne connaissance de l'écriture,
c'est là sans doute qu'elle fut inventée. Mais elle ne fut pas
inventée d'un seul jet, en un seul jour, par un seul homme.
Qu'avait-il fait le *premier inventeur* de l'écriture? Une chose
très simple : il avait imaginé de dessiner grossièrement, au
simple trait, la chose dont il voulait donner l'idée et conserver le souvenir. Vous est-il arrivé de charbonner sur un
mur un profil grossier, avec des bras, des jambes?... L'es-
quisse était bien maladroite, les proportions n'y étaient guère;
pas de détails non plus... Pourtant tout le monde reconnais-
sait ce que vous aviez voulu figurer; on se disait en passant :

« Ceci est un *bonhomme!* » Trop mal fait pour être un vrai dessin, c'était tout au moins un *signe* qui rappelait à l'esprit la chose signifiée : cela voulait dire : un *homme.* Ainsi fit-il, notre inventeur. Chose naïve, n'est-ce pas? « Eh! vous dites-vous, je *lirais* bien une écriture comme celle-là! » Sans doute, vous lisez sans hésitation ces signes *idéographiques* égyptiens :

Il y a ici écrit *bœuf, lion, oie, poisson, serpent, arbre, vase, œil, jambe, étoile...* On représentait de même un *chef* par un petit homme portant le *bâton de commandement;* un *roi,* par un petit homme assis, ayant entre ses mains le signe de sa puissance : *un fouet...* Ils n'étaient pas tendres, les rois de ce temps-là! Voulait-on donner l'idée du pluriel, on représentait trois fois le signe; et vous lisez ici : des *oiseaux,* des *arbres* :

Tout va donc très bien, tant qu'il s'agit de rappeler à la pensée des objets matériels, des choses qu'on peut dessiner. Ces petits dessins qui les représentent, sont des *signes figuratifs,* que tout le monde peut reconnaître. Mais comment figurer des choses qui n'ont pas de forme visible? Comment représenter, par exemple, le *vent,* le *jour?* Comment donner à entendre la *joie,* le *courage?* Ne pouvant représenter directement l'idée, figurer la chose même, il faut bien prendre un moyen détourné : on représentera un objet qui ait quelque rapport, dans notre pensée, avec l'idée qu'il s'agit d'exprimer. Ce moyen détourné, ce terme intermédiaire, c'est ce qu'on appelle un *symbole.* Ainsi pour dire le *vent,* nos anciens

Égyptiens figuraient *une voile gonflée*, effet du vent; pour exprimer le *jour*, ils représentaient le disque du soleil, cause du jour. Veulent-ils écrire le *courage*, la *vaillance*, ils dessine-

ront un lion, animal courageux; ou, par abréviation, une tête de lion seulement. Pour dire la *joie*, le *plaisir*, ils représentent un petit homme qui danse. Ces signes sont des *signes symboliques*. — Or ce n'est pas tout : on ne peut pas faire des phrases avec des substantifs seulement; il faut surtout des *verbes*. On représenta, le mieux possible, les actions, soit di-

rectement, soit par un symbole. *Marcher* s'écrivait par une petite paire de jambes; *voir*, par deux yeux; *manger*, par un homme portant la main à sa bouche; *prier*, par un homme à genoux, les mains tendues; *briser*, *détruire*, par un bras armé d'une massue; *régner*, par un bras portant un fouet... Mais pour les actions *intellectuelles*, pour ces actes qui se passent seulement en nous-mêmes, la difficulté est plus grande encore : comment figurer par un dessin *aimer*, *haïr*, *croire*, *vouloir*? — Et ce sera bien autre chose s'il faut exprimer non seulement les actions, mais les *temps*, les personnes du verbe, etc., etc... Oh! alors, n'est-ce pas, la question se complique énormément! D'ailleurs la même idée peut être représentée par des symboles différents, et par contre le même symbole peut être compris, *interprété* de différentes manières.

Voyez-vous comme tout devient obscur, ardu! Chaque ligne d'une pareille écriture est une énigme à deviner. Or le simple bon sens ne suffirait pas pour deviner tous ces symboles, trop peu clairs, trop peu *parlants;* il faut *convenir* que tel signe représente telle idée, comme il est convenu chez nous que tel chiffre représente tel nombre. Mais puisque chaque signe représente une idée, autant d'idées à exprimer, autant il faut de signes différents : c'est-à-dire des milliers ! Et pour lire, pour écrire, alors il faut apprendre et retenir de mémoire la *valeur* de tous ces signes, la façon convenue de les grouper. Ah ! savoir lire, dans ces temps-là, savoir écrire, c'était une science difficile et rare; apprendre à lire, c'était le labeur de toute une vie d'études ! C'est que le système d'*écriture idéographique*, qui vous a paru si simple en principe, dans la réalité est effroyablement compliqué : un vrai chaos à débrouiller. Encore ne peut-on exprimer ainsi d'une façon bien nette, bien précise, tout ce qu'on voudrait dire : ce ne sont que des à peu près. — Il fallait trouver autre chose.

Or voici ce qu'on imagina plus tard. Il fut entendu que chaque signe représenterait désormais, non plus la chose dessinée elle-même, mais la *première syllabe* de son nom : de son nom en langue égyptienne, bien entendu. Voulait-on écrire un mot de deux ou trois syllabes, on réunissait deux ou trois signes. Convenons entre nous que si je dessine, par exemple, une *abeille*, cela représentera la première syllabe du mot *abeille*, qui est *a;* que si je dessine un *miroir*, cela voudra dire *mi...* En figurant l'un près de l'autre l'abeille, le miroir, j'écris le mot *a-mi...* Voilà, arrangé à la française, le système de nos Égyptiens. N'est-ce pas une idée très amusante ? C'est une combinaison toute semblable à ce jeu que nous appelons *rébus*, où les *mots* sont figurés par des *choses* qu'il faut deviner : avec cette différence que dans nos rébus le nom de la chose doit se dire tout entier, tandis qu'ici c'est seulement la première syllabe qui compte. Et voyez les conséquences de cette trouvaille ingénieuse : l'écriture, d'*idéographique* qu'elle était, est devenue *phonétique;* elle ne représente plus des idées, mais des sons. Maintenant il ne sera plus besoin d'avoir autant de signes distincts que d'idées différentes à exprimer; il suffira d'en choisir autant qu'il y a de syllabes différentes dans le langage parlé : et avec cela, on pourra écrire sans difficulté tous les mots possibles. — Voici quelques exemples de ces signes syllabiques égyptiens :

On fit même plus; on choisit certains signes pour représenter, non pas une syllabe complète, mais un seul son, une seule articulation de la parole : le son ou l'articulation, la *voyelle* ou la *consonne* qui commençait le nom de la chose représentée. Ces derniers signes étaient donc de véritables lettres, toutes semblables aux nôtres quant à leur emploi, quoique d'une autre forme :

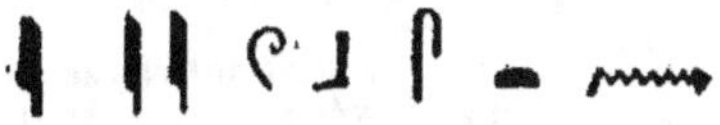

Mais les Égyptiens, qui avaient eu cette idée ingénieuse, ne surent pas en tirer le meilleur parti, le plus simple. Ils ne surent pas se débrouiller. Ainsi, au lieu de consacrer, pour représenter chaque syllabe ou chaque son, un seul signe, toujours le même, ils en adoptèrent plusieurs, qu'on pouvait employer indifféremment. Pour désigner une seule et même syllabe, la syllabe *sa* par exemple, ils avaient jusqu'à six

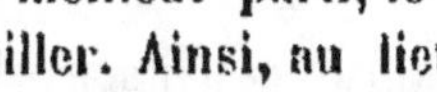

signes différents : ainsi des autres. Enfin ils conservèrent un grand nombre de ces anciens signes idéographiques auxquels ils étaient habitués, et qu'ils mêlaient parmi tous les autres. Cela faisait, en tout, plus de 500 caractères différents habituellement employés. L'écriture ainsi formée était donc encore compliquée, difficile à déchiffrer, lente à apprendre. Les prêtres seuls, quelques savants et les *scribes* qui faisaient le métier d'écrire, la lisaient couramment. C'est ce qu'on a appelé l'écriture *hiéroglyphique*, c'est-à-dire l'*écriture sacrée;* car, chez les anciens, toute chose qui paraissait précieuse et admirable était toujours tenue pour *divine*, pour révélée par les dieux. Les monuments des Égyptiens étaient tout couverts de ces *hiéroglyphes*, taillés dans la pierre avec un soin extrême. — Voulez-vous avoir une idée de l'aspect qu'offre aux yeux cette écriture, toute formée de petits dessins? Examinez ces caractères d'une inscription vieille de plus de trois mille cinq cents ans :

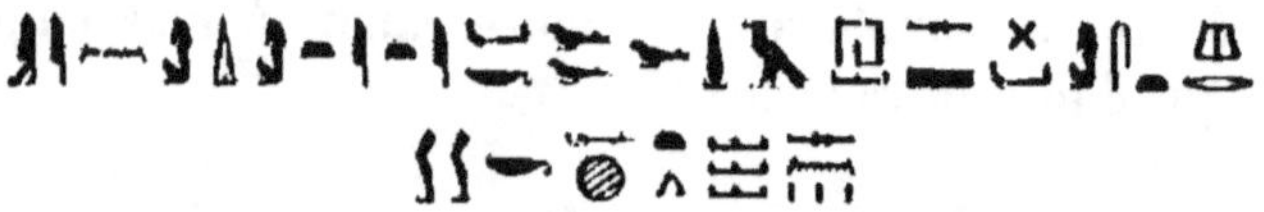

INSCRIPTION ÉGYPTIENNE EN HIÉROGLYPHES LAPIDAIRES,
C'EST-A-DIRE GRAVÉS SUR LA PIERRE.

« Je suis venu; je t'accorde d'écraser les chefs du pays de *Tsahi* (Canaan); je les jette sous tes pieds avec leurs provinces... »

Dans ces lignes gravées par son ordre sur un monument élevé par lui, le conquérant égyptien se vante de ses succès. C'est son dieu qui parle... vous entendez : on le fait parler. Chaque nation, dans ce temps-là, avait ses dieux à elle, qui étaient censés la protéger, et qui toujours lui promettaient la victoire. Était-on vaincu — cela arrivait quelquefois! — c'est que le dieu était mécontent de ses adorateurs et voulait les punir...

Si vous habitez Paris ou s'il vous arrive de le visiter, vous n'oublierez pas d'aller voir l'énorme, le magnifique *obélisque* que l'on a fait venir à grands frais de l'Égypte, pour orner

PROPYLONE OU PORTE MONUMENTALE ÉGYPTIENNE, COUVERTE
DE FIGURES GRAVÉES ET D'INSCRIPTIONS HIÉROGLYPHIQUES (KARNAK).

la belle place de la Concorde. Tout en levant les yeux pour mesurer la hauteur de cette pyramide élancée, taillée dans un seul bloc de fin granit rose, et qui *pointe* dans le ciel comme une immense aiguille, vous remarquerez, gravées sur ses quatre faces, les inscriptions hiéroglyphiques dont l'aspect est si curieux; et vous vous direz, en contemplant cette masse de pierre et ces caractères étranges : « Voilà comment on construisait, comment on écrivait en Égypte, il y a *trente-trois siècles!* »

Ici je m'arrête, pour répondre à une question qui déjà s'est présentée à votre esprit. Comment les traçait-on, ces caractères? Avec quoi? sur quoi écrivait-on à cette lointaine époque? — On écrivait, en somme, sur toute surface pouvant recevoir les caractères. On écrivait, tout d'abord, ainsi que je viens de le dire, on *gravait* plutôt les signes sur la pierre, à l'aide d'un outil tranchant. Mais ces *inscriptions*, nous ne pouvons pas les comparer à des livres : c'était plutôt comme des *affiches*, mais des affiches faites pour durer des siècles, exposées aux murs d'un palais ou d'un temple, pour être vues de tous, et lues... de tous ceux qui savaient lire. C'étaient, le plus souvent, ou des invocations aux dieux, ou l'histoire des rois, les récits de leurs batailles. On gravait aussi, avec un poinçon d'acier, sur des lames d'or, d'argent, de plomb, les lois et toute chose que l'on tenait à conserver; pour les simples notes, on les écrivait sur la première surface venue, lisse et plate, sur de larges feuilles d'arbres souvent. Puis l'*encre* fut inventée; c'était une sorte de couleur noire liquide; on traçait les caractères non pas avec une plume, mais avec un pinceau, comme le font encore les Chinois; on *peignait* l'écriture. On la peignait sur des tablettes de bois, planchettes minces et lisses; sur des peaux de moutons ou de chèvres, préparées comme une sorte de cuir léger; sur des bandes de toile fine, que l'on roulait pour les conserver.

Dans les marais d'Égypte, au bord du Nil, croît en abondance une plante aquatique, qui offre à peu près l'aspect d'un roseau. Sa tige, allongée, ronde, verte, lisse et molle porte à son extrémité un bouquet de feuillage grêle. C'est la plante qu'on nomme *papyrus* (voir le frontispice). Les Égyptiens coupaient la tige au pied; enlevant l'écorce verte, ils trouvaient dessous plusieurs couches superposées d'une sorte d'écorce blanche, mince, fine, et qui se détachait facilement en feuillets déliés, semblables à des bandelettes légères, assez larges. On étalait sur une table ces bandelettes encore humides de sève; on en couchait plusieurs les unes près des autres et se joignant, de manière à former une certaine largeur; puis sur ces bandelettes on en étendait d'autres en travers, pour réunir et maintenir les premières. Puis on les dressait, on les collait; il en résultait une sorte de feuille mince, légère, assez large, blanche : une véritable *feuille de papier* enfin; car c'est du nom de la plante, du *papyrus*, que nous est venu notre mot de *papier*. Sur cette mince et fragile matière, le *scribe* égyptien, l'écrivain ou le copiste, traçait ses caractères déliés à l'aide d'un pinceau, d'un mince et léger roseau semblable à une frêle tige de jonc, effilé à son extrémité. Avec son roseau, il avait pour instrument principal une palette de bois, une planchette de forme rectangulaire, dans laquelle étaient ordinairement creusés deux petites cavités rondes en forme de godets. L'un de ces godets contenait une *tablette* d'encre noire solide, l'autre une tablette semblable d'encre rouge : ces tablettes étaient absolument pareilles aux *pastilles* de couleurs de nos boîtes à couleurs pour l'aquarelle. Une petite fiole, de verre le plus souvent, contenant de l'eau, complétait son attirail. Le scribe trempait son pinceau dans l'eau, puis délayait un peu de couleur sur l'une ou sur l'autre des deux tablettes. D'autres délayaient à l'avance leurs couleurs et les conservaient liquides dans de petits encriers, où ils trempaient leurs roseaux pour écrire. — Le signe hiéroglyphique qui représente l'action d'écrire figure la palette, la petite bouteille et le pinceau liés ensemble. — Les signes peints sont un peu plus simples de forme que les *hiéroglyphes gravés*, et plus sommairement dessinés ; on les appelle *hiéroglyphes linéaires*. — Alors surtout on put avoir des livres, de véritables livres! — On roulait avec précaution la feuille de papyrus écrite, qui avait parfois une grande longueur. Chaque livre se composait de plusieurs rouleaux précieusement serrés dans des étuis. C'étaient des livres d'histoire, des livres de science : astronomie, géométrie, médecine ; des livres de morale, de poésie ; des livres religieux surtout. Un de ces livres de prières est resté célèbre : le *Livre des morts* ou *Rituel funéraire*. — Il me semble voir l'antique auteur du livre sacré, le vieux prêtre à la tête pensive, dans sa chambrette de briques, près de la fenêtre ombragée de trois palmiers. Une tablette de bois lui sert de pupitre ; l'encrier est suspendu près de lui, il tient en main le pinceau. Penché sur la feuille de papyrus à demi déroulée, il trace les lignes solennelles que pendant des milliers d'années toute l'Égypte lira, répétera, qui seront recopiées des milliers et des milliers de fois — et dont aujourd'hui nos savants ont su retrouver le sens longtemps perdu. En voici deux colonnes, avec leur traduction. C'est d'un mort qu'il s'agit : on dit de lui qu'il a été

2e colonne.   1re colonne.

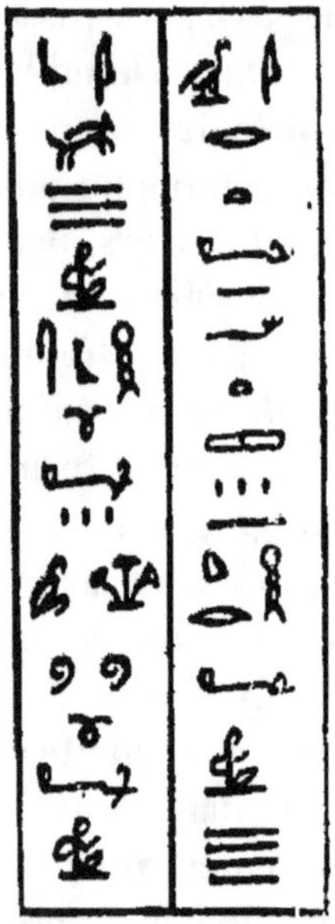

CARACTÈRES HIÉROGLYPHIQUES LINÉAIRES DISPOSÉS EN COLONNES.

« Il a donné des pains à l'affamé, de l'eau à celui qui avait soif, des vêtements à celui qui était nu.... »
Livre des morts, ch. 125.

bon, charitable. — Vous voyez que ce qu'on a appelé les *œuvres de miséricorde* étaient inventées dès ce temps-là.

Ces deux lignes suffisent pour vous donner une idée nette des formes et de la disposition des caractères hiéroglyphiques. Arrêtez-y un instant vos yeux. Évidemment ces petits dessins, délicats de forme, devaient être assez longs à peindre. Quand on grave des inscriptions sur la pierre, on peut prendre son temps. Mais lorsqu'il s'agissait non plus seulement de tracer quelques phrases, mais d'écrire des livres, de longs *traités* de science, de longs récits d'histoire, il fallait aller plus vite. Tout en conservant, pour les inscriptions sur les monuments, pour les écrits officiels et les livres religieux, l'antique écriture sacrée, on imagina une forme plus rapide pour l'usage ordinaire, une écriture courante qui diffère des signes hiéroglyphiques à peu près comme notre écriture manuscrite diffère des lettres imprimées. On ne changea pas les signes, on les abrégea seulement, en simplifiant leurs contours. Cette écriture abrégée a été nommée écriture *hiératique*, c'est-à-dire *sacerdotale*, en usage parmi les prêtres : n'oublions pas que presque tous les *lettrés* d'alors étaient prêtres. En voici une ligne :

« Le bien devient en mal. »

Ces mots signifient : « *Le bien se change en mal* », c'est-à-dire « ce qui était bon devient mauvais. » Dans ces traits un peu confus on peut encore reconnaître les petits dessins primitifs, quoique altérés, déformés : ainsi vous-mêmes reconnaîtrez, avec un peu d'attention, trois fois répété dans cette ligne, le caractère qui figure un *pied*, et qui, s'il vous en souvient, correspond à notre lettre *b*. — Enfin plus tard les marchands, pour prendre leurs notes, se servaient de signes encore plus abrégés qui formaient l'écriture dite *démotique*, c'est-à-dire populaire; une sorte de sténographie. Tandis que les hiéroglyphes se rangeaient en lignes dans les deux sens de droite à gauche ou de gauche à droite indifféremment, l'écriture hiératique allait toujours de droite à gauche, c'est-à-dire au rebours de la nôtre.

Un grand nombre de livres ont été écrits, dans cette vieille Égypte, sur la toile et sur le papyrus, avec les caractères hiéroglyphiques ou hiératiques. Ces livres étaient conservés dans des *Bibliothèques*, ordinairement renfermées dans l'enceinte des palais ou des temples. Chaque grande ville avait sa bibliothèque, qui contenait parfois plusieurs centaines de volumes; un fonctionnaire, nommé *gouverneur de la maison des livres*, était chargé de veiller sur ce dépôt. Dépôt précieux! Toute l'histoire de la nation, toute la science d'alors était là, sur ces frêles bandelettes. Les prêtres, les savants, les écrivains y venaient s'instruire et travailler. Sur la porte de la grande bibliothèque de la ville de Memphis était, dit-on, cette inscription : *Trésor des remèdes de l'âme*. — Pour ces anciens, comme pour nous-mêmes, l'étude était déjà un bonheur, une consolation.

Je tenais à vous faire comprendre comment, par quelle combinaison d'idées, avec quels efforts de génie les hommes ont inventé cet art merveilleux de « peindre la pensée » qu'on appelle l'*écriture*, et créé cette chose précieuse : le *livre!* Voilà pourquoi je vous ai exposé avec quelque détail l'origine de l'écriture égyptienne, la plus ancienne de toutes à notre connaissance, celle qui a servi de modèle à presque toutes les autres — à la nôtre même aussi, quoiqu'il n'y paraisse guère au premier coup d'œil; je vous expliquerai cela. Maintenant, êtes-vous curieux d'avoir une idée des écritures, si bizarres de formes, des autres peuples civilisés de l'anti-

quité? Je vais vous en donner quelques exemples. Puis il me
suffira de vous dire : « Tous ces peuples, pour former leur
écriture, s'y sont pris de la même manière que les Égyptiens,
— ou bien, chose plus simple en-
core, ils ont pris l'écriture égyptienne toute faite et l'ont imitée,
chacun à leur manière. » Que vous
dirai-je, par exemple, des *Chinois*,
un des plus anciens peuples que
nous connaissions? Eux aussi, ils
ont imaginé d'abord des caractères
idéographiques, des signes représentant les idées; puis, ne pouvant
se tirer d'affaire avec ces signes
seuls, ils firent comme les Égyptiens, et par des espèces de rébus,
ils employèrent certains signes à
désigner des *syllabes*. Dans leur écriture, les Chinois ont conservé jusqu'à nos jours ces deux sortes
de caractères, qu'ils mêlent ensemble et groupent d'une façon extrêmement compliquée. Pour chaque
mot ou groupe de mots ils forment
un groupe de signes. C'est une
écriture très difficile à déchiffrer,
très longue à apprendre, et que les
seuls *lettrés* ou savants chinois savent comprendre et écrire couramment. Les signes se tracent avec un

CARACTÈRES CHINOIS.

pinceau trempé dans cette couleur noire que nous employons
aussi pour certains dessins, et que nous nommons *encre
de Chine*. Les lettrés écrivent sur un papier très fin, très
fort, très léger, un papier tout semblable au nôtre, fabriqué

aussi avec des chiffons, ou avec les *fibres* de certaines plantes, ainsi que je vous l'expliquerai ailleurs. Ce sont les Chinois, en effet, gens extrêmement industrieux, qui ont inventé le papier, le vrai papier, il y a des siècles et des siècles; ils s'en servaient alors que dans nos pays de l'Occident on ne connaissait, pour écrire, que la peau préparée, le *parchemin*, ou bien encore le *papyrus* fragile des Égyptiens.

Voici quelques caractères chinois : il vous suffit d'un coup d'œil pour reconnaître combien ils sont compliqués, embrouillés... Ce qu'il y a là écrit... — je ne le sais pas plus que vous. Disons seulement que les Chinois écrivent en *descendant;* ils forment des lignes *verticales*, non pas horizontales comme les nôtres. Puis ils commencent par le côté droit de la feuille de papier. Arrivés au bas, ils forment une autre ligne, toujours en descendant, à côté de la première et à gauche, ainsi que vous l'explique la figure. En un mot, ces gens-là font tout au rebours de nous...

Avez-vous entendu parler des antiques *Chaldéens* qui vivaient sur les bords de l'Euphrate et bâtirent la célèbre Babylone? des vieux *Assyriens*, dont la capitale fut *Ninive?* Les Chaldéens étaient déjà, il y près de cinq mille ans, des peuples civilisés, instruits pour leur temps. Ils firent, à leur manière, la même chose que les Égyptiens. Eux aussi eurent d'abord des signes idéographiques, des dessins. Mais bientôt ces dessins parurent à nos Chaldéens, gens pratiques, trop difficiles à tracer, à sculpter, trop longs surtout. Ils abrégèrent ces signes d'une façon tout à fait originale. Ils composèrent le tracé de tous leurs caractères au moyen d'un seul trait, un peu varié dans sa forme. — A cette époque, c'était surtout sur la pierre qu'on écrivait. Or quand on veut graver, avec un ciseau ou *burin*, un trait dans la pierre, tout naturellement ce trait, étroit là où il commence, va s'élargissant, parce que le ciseau oblique, par le choc du marteau, s'enfonce de plus en plus. Ce trait, mince d'un bout, élargi à l'autre, vertical, horizontal ou oblique, long ou court, parfois brisé en forme d'accent circonflexe, c'est ce qu'on nomme un *clou* ou un *coin*, en raison de sa forme.

L'écriture formée au moyen de ces traits a été appelée écriture *cunéiforme*, c'est-à-dire en forme de *coins*. Chaque signe, assemblage plus ou moins compliqué de ces *clous* — ressemblant, en effet, assez à un groupe de clous jetés au hasard sur une table, — représentait à l'origine une *idée*, comme chez les Égyptiens. Plus tard, comme chez les Égyptiens aussi, chaque signe figura une syllabe. Voici, comme exemple, quelques-uns de ces groupes *syllabiques* :

Et maintenant, pour vous donner une idée de l'aspect qu'offrent ces groupes disposés en lignes, jetez les yeux sur ce dessin qui reproduit quelques mots d'une inscription *assyrienne*, gravée, de même que les inscriptions *chaldéennes*, en caractères *cunéiformes* :

FRAGMENT D'UNE INSCRIPTION CUNÉIFORME.

« Après lui, Nabou-Koudour-Oussour porta ses armes aux défilés des frontières d'Assyrie; il vint pour la conquête... »

Il s'agit du célèbre *Nabuchodonosor*; on raconte ses exploits. Ces lignes sont écrites de gauche à droite, comme les nôtres.

Or les Chaldéens et les Assyriens n'écrivaient pas seulement sur la pierre; eux aussi, plus tard, peignirent l'écriture sur la toile ou sur la peau. Mais surtout ils usaient d'un procédé original et curieux : leurs caractères étaient souvent gravés sur des tablettes plates de terre cuite, semblables à des tuiles, à des briques minces. Tandis que l'argile était molle, on y traçait facilement les traits avec un poinçon aigu; puis on faisait cuire la brique, et les caractères devenaient ineffaçables. Les savants, les historiens du pays écrivirent ainsi non pas de simples et courtes inscriptions, mais des livres : des livres d'astronomie, d'histoire; des livres sacrés, des livres de magie... car ces gens étaient extrêmement superstitieux. Vous figurez-vous ce tas de tuiles empilées, qui remplit toute une salle, et qui ressemble plutôt à un mur de briques qu'à toute autre chose? Eh bien! c'est un *livre!* Or pensez qu'en Chaldée et en Assyrie, à Babylone, à Ninive, à Ourouk surtout[1], la *ville des livres*, il y avait de grandes bibliothèques... vous entendez : d'immenses magasins de briques gravées. On en a retrouvé, sous les ruines, une bonne partie.

Mais quoi! cette *écriture cunéiforme*, que nos savants d'aujourd'hui ont si grand'peine à déchiffrer, elle n'était pas très facile à lire même pour les *érudits* de ce temps-là, paraît-il; car une bonne moitié de ces énormes *livres* ainsi retrouvés sont des *méthodes de lecture* pour apprendre à lire l'autre moitié... Représentez-vous les écoliers d'alors — ils n'étaient pas très nombreux, j'en conviens, — obligés, seulement pour apprendre à lire, de remuer pendant des années ces tas de briques, et de retenir ces centaines de signes compliqués, embrouillés... représentez-vous cela, dis-je, et dites-vous en vous-mêmes : « Sommes-nous heureux, nous autres! »

Vous avez peut-être entendu dire que l'écriture a été inventée par les Phéniciens : cela n'est pas exact, comme vous

1. Ourouk en Chaldée, sur l'Euphrate.

BAS-RELIEFS SCULPTÉS ET INSCRIPTIONS EN CARACTÈRES CUNÉIFORMES GRAVÉES SUR UN ROCHER (BEHISTOUN).

voyez. Les Phéniciens n'inventèrent pas; ils imitèrent, ils perfectionnèrent. Et comment? Le voici. C'était un peuple de marchands et de navigateurs; leurs villes étaient bâties le long du rivage de la Syrie; au moyen de leurs vaisseaux, ils faisaient un grand commerce avec les autres nations, avec l'Égypte tout particulièrement. Il était donc tout naturel qu'ils apprissent l'écriture des Égyptiens, leurs voisins, leurs acheteurs. Ainsi firent-ils; mais nos Phéniciens étaient des gens pratiques, — des marchands, vous disais-je, — économes du temps, fort ingénieux du reste. Lorsqu'ils connurent le système compliqué des Égyptiens, ils se dirent : « Nous allons simplifier tout cela ! » D'abord ils ne cherchèrent point à imiter les petits dessins de l'écriture sacrée, c'était trop lent; ils prirent l'écriture hiératique, déjà fort abrégée. Et alors les voilà mettant hardiment de côté tout ce qui n'était pas absolument nécessaire, tous les signes représentant des idées, tous les signes représentant des syllabes. Ils conservèrent seulement les signes représentant des sons, des articulations *isolées* (voyelles et consonnes détachées); et encore ils abrégèrent le tracé à leur manière. Ils avaient dans leur langue *vingt-deux* sons et articulations distinctes; ils ne gardèrent que vingt-deux signes : pour chaque son ou articulation un seul caractère, toujours le même, une *lettre* enfin. L'ALPHABET était créé, cet alphabet qui, au fond, est le nôtre. Remarquons enfin que les Phéniciens n'écrivaient guère que les consonnes; les voyelles peu senties dans leur prononciation ne se marquaient pas. Enfin leur écriture allait de droite à gauche, comme l'écriture hiératique qu'elle imitait. Vous allez en avoir un exemple : c'est une inscription sur le tombeau d'un roi de Sidon; le pauvre roi se plaint d'être mort jeune et sans enfants.

D'un simple coup d'œil jeté sur cette inscription, vous reconnaissez déjà que ces lettres sont beaucoup moins compliquées de forme et plus rapides que les signes des Égyptiens. En regardant avec quelque attention, vous observez encore que dans ce peu de lignes les mêmes signes sont répétés un grand nombre de fois. De cela seul vous conclurez que cette écriture n'avait qu'un petit nombre de lettres, puisque ces lettres reviennent si souvent, toujours les mêmes, dans les mots. — Et voilà que sans avoir aucune connaissance de ces caractères, en regardant seulement, et avec un peu de réflexion, vous avez constaté par vous-mêmes combien ces ingénieux Phéniciens ont simplifié l'écriture de la vieille terre des Pharaons.

INSCRIPTION EN CARACTÈRES PHÉNICIENS.

« J'ai été enlevé avant le temps, peu avancé en âge, lorsque, sans avoir d'enfants, je fus retranché par la mort ; et je suis couché dans ce tombeau, dans l'édifice que j'ai construit. »

Ces gens-là n'étaient pas des savants, des penseurs tranquilles, mais des voyageurs actifs, entreprenants. Ils écrivirent peu de livres : plutôt des comptes, des notes de commerce, quelques inscriptions. Mais ils rendirent au monde un grand service. En quoi? En apprenant à lire et à écrire à tous les peuples voisins. — Les Phéniciens avaient fondé au loin, dans tous les pays où ils pouvaient acheter et vendre, surtout sur les rivages de la Méditerranée, des *comptoirs*, des *colonies*, absolument comme font de nos temps les Anglais, peuple navigateur et commerçant aussi. Or, partout où ils allaient, ils apprenaient aux peuples avec lesquels ils trafiquaient l'art merveilleux de l'écriture, et leur alphabet, imité des Égyptiens. Chaque peuple, naturellement, tout en prenant le système de leurs lettres, arrangeait la chose à sa manière, suivant sa langue, ses idées, ses habitudes. Ainsi firent, et Asie, les *Hindous*, les *Israélites*. Les Israélites, proches voisins des Phéniciens, ayant une langue toute semblable, ayant des idées, des mœurs à peu près semblables aussi, copièrent tout simplement l'écriture phénicienne, qui leur allait fort bien. Les Hindous, au contraire, qui habitaient l'Inde, pays tout différent, qui étaient d'une autre race, avaient une langue, des idées, des mœurs toutes différentes aussi, ne prirent que l'idée ; ils changèrent les signes, et tellement qu'ils ne sont plus vraiment reconnaissables.

Il faut savoir qu'à cette époque si lointaine les Hindous formaient depuis longtemps une grande nation, très civilisée. Ils avaient de grandes villes, des monuments, des lois, des gouvernements, des rois puissants, une religion très ancienne, des prêtres que l'on appelait *brahmanes*, et qui avaient beaucoup de pouvoir sur le peuple. — Les Égyptiens étaient religieux, patients et persévérants ; les Chinois, ingénieux et laborieux ; les Chaldéens furent surtout agriculteurs et les Assyriens guerriers ; les Phéniciens, actifs comme des hommes d'affaires qu'ils étaient ; les Hindous étaient plutôt des gens d'imagination, des artistes, des penseurs. Leurs prêtres, les brahmanes, étaient à la fois des savants et des poëtes. Ils ont écrit un très grand nombre de livres : des *livres sacrés* d'abord, des hymnes à leurs dieux ; puis des livres de science, astronomie, grammaire ; peu d'*histoire*, mais en revanche et surtout des *poëmes*, des récits en vers, merveilleusement imaginés, et d'une longueur effrayante, — et des pièces de théâtre ! Ces gens-là pensaient, sentaient comme nous ; en lisant leurs livres nous retrouvons des idées toutes semblables aux nôtres, une poésie qui nous charme. Les

Hindous sont, non pas nos *pères*, mais, comment dirai-je? nos *oncles*... les frères des Aryas qui ont envahi, peuplé et civilisé l'Europe, comme on vous l'apprendra plus tard. Leur langue, qu'on appelle le *sanscrit*, est très belle; elle a la même origine que le grec et le latin, et par conséquent elle a de grands rapports avec la nôtre, qui n'est qu'un *latin modifié*. — Les Hindous arrangèrent donc cinquante lettres pour représenter tous les sons et les articulations, les voyelles et les consonnes de leur langue; et cette écriture ainsi formée, ils en furent tellement ravis, qu'ils l'appelèrent d'un nom qui signifie *révélée par les dieux (dévanâgari)* : oubliant, les malheureux, qu'ils avaient imité les Phéniciens, lesquels avaient imité les Égyptiens... Ces caractères s'écrivent en ligne serrée, et dans le même sens que les nôtres. Une telle écriture a un aspect tout particulier, comme vous allez en juger; malgré son apparence compliquée, elle n'est pas très difficile à lire.

इदं जिह्मोचयद् गुणयं तुर्हेदु घड्डमिदु उच्छिते : ।

विराताहिदु दिविल्सूनिदु नैकवाहेषु गनांदे : ॥

नाना धातुगणाकीर्णी विविधौपलभूषिताम् ।

« Ces monts sacrés aux nombreux sommets élancés, resplendissants, touchant le ciel, rayonnant de mille couleurs, ravissant la pensée; riches en métaux variés, ornés de pierres précieuses! »

Vous remarquerez que la plupart des signes portent vers le haut une petite barre; les caractères se touchant, ces petites barres s'alignent et semblent former un trait continu. Certains signes s'écrivent au-dessus de la ligne, comme nos *accents*; d'autres au-dessous, comme notre *cédille*. — Voici donc transcrits ici trois vers d'un des plus beaux livres de l'Inde et des plus célèbres : c'est une description poétique, exacte pourtant, de la grande chaîne de l'Himalaya, *les plus hautes montagnes de la terre*, vous dit votre géographie. — Les sommets s'élèvent à des hauteurs effrayantes, jusqu'au-dessus des nuages ; aux rayons du soleil couchant leurs neiges éternelles, ruisselantes de reflets ardents, brillent comme de l'or, étincellent comme des pierreries.

Dès ces temps extrêmement reculés, les Hindous connaissaient aussi l'usage des neuf chiffres et du zéro ; voici la forme qu'ils avaient donnée aux signes des nombres :

१ २ ३ ४ ५ ६ ७ ८ ९ ०

1 2 3 4 5 6 7 8 9 0

Vous reconnaissez qu'à l'exception de deux ou trois, ces caractères ressemblent à ceux dont nous nous servons et que nous appelons *chiffres arabes*, parce qu'en effet les Arabes, ayant appris des Hindous cette façon de figurer les nombres, nous l'enseignèrent ensuite. Ils nous les apportèrent en Occident vers le xᵉ siècle. Jusque-là on se servait, dans tout notre Occident, des *chiffres romains*, formés des lettres de l'alphabet, que nous employons encore à certains usages, mais fort incommodes pour les opérations du calcul, parce qu'on ne peut pas les ranger en colonnes.

Je reviens maintenant aux Israélites. Ils conservèrent, vous disais-je, en modifiant seulement un peu la forme, les lettres des Phéniciens, qui s'adaptaient à leur langue : car l'*hébreu* diffère de la langue phénicienne à peu près comme l'italien diffère du français. Les anciens Hébreux aussi gravèrent sur la pierre et sur le métal ; puis ils apprirent à peindre l'écriture sur des peaux préparées. Vous avez tous entendu parler du grand livre des Israélites : la *Bible*. Mais la Bible, j'entends l'ancienne Bible (Ancien Testament), la Bible écrite en hébreu, et qui est extrêmement volumineuse, n'est pas à proprement parler *un livre* ; c'est, comme son nom même le dit[1], un ensemble, un *recueil* de livres écrits à des époques différentes et sur des sujets très divers : dogmes et traditions religieuses, histoire, législation (lois) et morale ; récits détachés ; poésies, dont la plupart (les *psaumes*) étaient des hymnes sacrés destinés à être chantés. — L'écriture hébraïque ancienne, comme l'écriture phénicienne dont elle diffère si peu, laissait de côté la plupart des voyelles. Ainsi le nom de *Salomon* (en hébreu *Salomoh*), par exemple, s'écrivait : SLMH ; *David*, DVD :

שלמה   דוד

H M L S   D V D

En outre, comme vous le voyez ici, cela s'écrivait, de même que l'écriture phénicienne, de droite à gauche. Il y a plus : dans les livres hébreux, tels qu'on les imprime encore aujourd'hui, le volume lui-même est fait à l'envers des nôtres ; les premières lignes sont à l'endroit que nous appellerions la *fin du volume*, les dernières au commencement : et pour lire, on feuillette les pages à rebours...

C'est pour vous donner une idée de l'aspect de l'écriture hébraïque ancienne que je transcris ici les premières lignes du livre des *Proverbes*, livre qui contient des maximes de morale :

משלי שלמה בוידוד מלך ישאל : לרעת חכטה וטוסר להכיך
אטרי בינה : לקחת טוסר השכל צרק ומשפט ומשרים : לתת
לפחאים ערמה לנער רעת וטוטח :

CARACTÈRES HÉBRAÏQUES.

« Proverbes de Salomon, fils de David, roi d'Israël. Pour donner la science et la règle de conduite. Pour donner l'intelligence des paroles de prudence, et enseigner la science de la sagesse, la justice, le droit jugement, l'équité. »

Or il faut vous dire que plus tard on trouva très incommode de n'avoir pas les voyelles marquées dans l'écriture ;

1. Le mot *Biblia* est le pluriel du mot grec *bibion*, livre

cela rendait la lecture difficile ou même incertaine. Pour ne
pas changer toute l'écriture adoptée, on imagina, plusieurs
siècles après Jésus-Christ, d'y ajouter seulement des points
et groupes de points qu'on nomma *points-voyelles*, et qui
indiquent en effet, par la manière dont ils sont disposés, la
prononciation des voyelles.

L'ÉCRITURE ET LE LIVRE EN OCCIDENT.

Pendant des siècles et des siècles, tandis que l'Orient
(c'est-à-dire l'Égypte et l'Asie) était le séjour de grandes
nations civilisées, l'Occident, notre Europe, n'était encore
habité que par des peuplades barbares. Le premier peuple
civilisé, en Europe, ce fut celui qui habitait le plus près de
l'Asie, au beau pays de Grèce. Les Grecs étaient des hommes
extrêmement intelligents, très ingénieux, ayant beaucoup
d'imagination; ils imitèrent les peuples déjà civilisés, leurs
voisins, et bientôt ils les surpassèrent. Or les Grecs faisaient
beaucoup de commerce, dès ce temps, avec les Phéniciens;
naturellement les Phéniciens leur enseignèrent l'écriture —
la leur, bien entendu. Les Grecs ne se donnèrent pas la peine
de changer beaucoup les lettres phéniciennes; plus tard seulement ils en ajoutèrent quelques-unes. Ils gardèrent même
les noms que les Phéniciens avaient donnés à ces lettres, ces
noms qui avaient un sens en langue phénicienne, mais qui
n'avaient pas de sens en langue grecque... Ainsi, pour vous
donner un exemple, les Phéniciens appelaient leur première

lettre *aleph*, ce qui veut dire *tête de bœuf*, parce qu'elle figurait grossièrement une tête avec deux cornes; ils appelèrent
leur seconde lettre *beth*, c'est-à-dire maison, parce qu'avant
d'être défigurée par abréviation, elle rappelait plus ou moins

le profil d'une maison avec son toit. Nos Grecs gardèrent donc ces noms, qu'ils prononçaient à leur manière, *alpha* et *béta* : ce qui, en grec, ne signifie rien du tout... Pour dire « étudier ses lettres », en ce temps-là, on disait donc: apprendre son *Alpha-béta*, comme vous dites aujourd'hui « apprendre son ABC ». Et voilà comment les noms de ces deux premières lettres joints ensemble sont devenus notre mot *Alphabet!* — Quand vous prononciez ce mot d'alphabet, vous ne vous figuriez pas, bien sûr, que vous parliez phénicien !

Cependant les Grecs, qui avaient une langue harmonieuse et sonore, avec des voyelles bien franches et bien nettement prononcées, ne manquèrent pas d'écrire partout ces voyelles nécessaires à leur langage. Tout d'abord aussi, en élèves soumis, ils avaient suivi la mode des Phéniciens, leurs instituteurs, qui était d'écrire de *droite à gauche*. Plus tard, il leur vint une idée singulière. Les Grecs étaient, comme vous le savez, fort habiles dessinateurs; quand ils avaient peint ou sculpté, sur un mur, sur un piédestal de statue, sur un vase, un personnage ou un groupe de personnages, ils ne manquaient pas d'écrire ce qui était là représenté, ce que faisaient ces personnages. Et alors, au lieu d'écrire, comme nous le faisons, leur *légende* ou *texte explicatif* en une ou plusieurs lignes au-dessous du dessin, ils disposaient leurs caractères en lignes sinueuses comme des replis de serpent, allant dans un sens, se recourbant, revenant en sens contraire, entourant les personnages. Ils trouvèrent cela si ingénieux, que même lorsqu'il n'y avait pas de personnages, ils conservèrent cette habitude prise. Quand donc l'écrivain ou le graveur était arrivé à l'extrémité de sa ligne, il la *repliait*, pour ainsi dire, et revenait en rangeant ses caractères au-dessous de la première ligne, mais *en sens contraire*, pour se retourner encore à l'autre extrémité, et ainsi de suite... Nos Grecs, qui étaient gens très spirituels et se plaisaient aux comparaisons, comparèrent cette façon d'aligner les lettres à la manière de cheminer du bœuf attelé à la charrue, qui, après avoir tracé un sillon, arrivé au bout, se retourne pour tracer, en marchant en sens contraire, un second sillon à côté du premier; et ils appelèrent cette disposition de l'écriture *boustrophedon* — ce qui veut dire : la *marche du bœuf revenant sur ses pas.*

Au temps où l'on n'écrivait guère que sur la pierre, il était indifférent de tracer les lignes dans un sens ou dans l'autre. Mais quand on écrivait avec de l'encre, à l'aide d'un pinceau, ou bien encore, comme on fit chez les Grecs, à l'aide d'un roseau mince taillé en forme de bec de plume, la marche de droite à gauche (c'est-à-dire à rebours de notre écriture) avait un inconvénient : souvent la main en avançant passait sur l'écriture trop fraîche et l'effaçait... Les Grecs qui avaient essayé les deux façons, finirent par adopter tout à fait la marche de *gauche à droite,* qui est la nôtre. Mais alors — chose qui vous paraîtra singulière — en retournant les lignes des Phéniciens, ils retournèrent aussi à l'envers les lettres elles-mêmes. Ainsi, par exemple, les trois petits traits de la lettre E, chez les Phéniciens, étaient dirigés vers la gauche; les Grecs l'écrivirent d'abord de la même façon; mais quand ils retournèrent les lignes, ils retournèrent la lettre, en sorte que ses petits bras furent tendus vers la droite. Ils firent de même pour presque toutes les lettres; en voici quelques exemples :

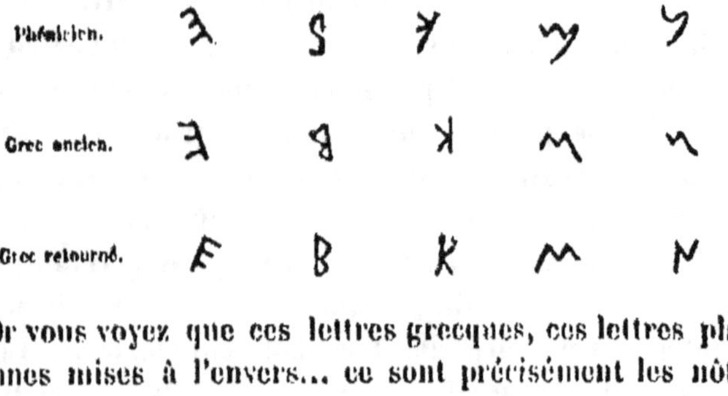

Phénicien.					
Grec ancien.					
Grec retourné.					

Or vous voyez que ces lettres grecques, ces lettres phéniciennes mises à l'envers... ce sont précisément les nôtres.

Par quel chemin elles nous sont venues de Grèce, c'est ce qu'il me reste à vous dire.

Les Grecs ajoutèrent en outre quelques signes qu'ils jugèrent utiles pour exprimer certains sons de leur langue, et ils eurent ainsi l'*alphabet* que voici, peu différent du nôtre, comme vous le voyez :

$$\begin{matrix} A & B & \Gamma & \Delta & E & Z & H & \Theta & I & K & \Lambda & M \\ \alpha & \beta & \gamma & \delta & \varepsilon & \zeta & \eta & \theta & \iota & \varkappa & \lambda & \mu \\ A & B & G & D & E & Z & Ê & TH & I & K & L & M \end{matrix}$$

$$\begin{matrix} N & \Xi & O & \Pi & P & \Sigma & T & Y & \Phi & X & \Psi & \Omega \\ \nu & \xi & o & \pi & \rho & \sigma & \tau & \upsilon & \varphi & \chi & \psi & \omega \\ N & X & O & P & R & S & T & U & PH & KH & PS & Ô \end{matrix}$$

Ces lettres, ce sont des majuscules. — Mais faisons une petite observation. Quand nous gravons sur la pierre ou le métal des inscriptions, quand nous écrivons ou imprimons des *titres*, un petit nombre de mots importants que nous voulons faire ressortir, nous employons nos lettres majuscules. Mais dans votre écriture courante, sur vos cahiers par exemple, vous n'écrivez pas en lettres majuscules, séparées, parce que ce serait trop long. Au fond, les lettres de notre écriture manuscrite sont bien les mêmes que celles de nos lignes imprimées ; mais en les traçant à la main nous les déformons un peu, nous les *lions* entre elles de manière à former le mot entier d'un seul trait de plume, tout cela pour aller plus vite. Eh bien, les anciens Grecs firent de même ; les écrivains, les copistes qui avaient beaucoup à écrire, prirent l'habitude de défigurer un peu les lettres en les arrondissant davantage et les liant même entre elles ; ces lettres de l'écriture courante, formes altérées des *majuscules* ou grandes lettres, sont ce que nous avons appelé les *minuscules* ou petites lettres. Vous voyez, sous chacune des lettres majuscules de l'alphabet grec la minuscule correspondante. Les lettres, les notes, les livres étaient écrits avec cette écriture courante, formée de minuscules. Pour vous donner une idée de son aspect, je vous en transcris quelques lignes, tout en vous faisant remarquer qu'ici ces lettres sont imprimées; par conséquent elles sont très nettes, extrêmement régulières, isolées, tandis que dans l'écriture faite à la main elles étaient, tout naturellement, quelque peu irrégulières et confuses, souvent unies par des liaisons :

Ζεῦ, ἄλλοι τε θεοί, δότε δὴ καὶ τόνδε γενέσθαι
παῖδ' ἐμόν, ὡς καὶ ἐγώ περ, ἀριπρεπέα Τρώεσσιν,
ὧδε βίην τ' ἀγαθόν, καὶ Ἰλίου ἶφι ἀνάσσειν,
καί ποτέ τις εἴποι· Πατρὸς δ' ὅ γε πολλὸν ἀμείνων.

CARACTÈRES GRECS.

« Jupiter, et vous tous, dieux! faites que mon fils comme moi-même devienne illustre parmi les Troyens; qu'il soit vaillant et fort, et règne avec autorité sur Ilion; qu'un jour on dise de lui : Il est plus brave que son père! »

C'est un guerrier qui, partant pour un combat, bénit son enfant, en lui souhaitant plus de gloire encore qu'à lui-même. Ces quatre vers — car ce sont des vers, et de beaux vers — sont tirés du plus célèbre livre de l'ancienne Grèce, le poème de l'*Iliade*. Les Grecs, gens de grande intelligence, de grande imagination, écrivirent beaucoup de livres, et des livres qui font encore l'admiration de ceux qui les lisent. Vous entendrez surtout parler des *grands poèmes épiques* des Grecs, longs récits en vers, sorte d'histoires mêlées d'aventures merveilleuses, comme tous les récits des anciens; vous entendrez parler de leurs *tragédies* et de leurs *comédies*, qui sont les plus beaux modèles des pièces de théâtre. Mais ils eurent aussi des livres de science, des livres d'histoire, de morale. — Quant à leur façon de tracer les lettres et de former les livres, elle différait très peu de celle qu'employèrent les Romains, et que je vais bientôt vous décrire.

En effet, ce sont les Grecs qui apprirent l'écriture aux *Latins*, ce petit peuple d'Italie qui devint plus tard si grand, si puissant, ces terribles Romains qui ravagèrent tant de contrées, soumirent tant de nations. Mais pour les choses de l'esprit, de la pensée, les Romains ne furent jamais que les élèves des Grecs. Les Grecs inventaient, les Romains imitaient. Leurs plus beaux livres furent des livres d'histoire.

Les Romains changèrent peu de chose aux lettres grecques pour les adapter à leur langue. Au plus beau moment de leur histoire, ils se servaient de vingt et une lettres, qui sont devenues les nôtres :

A B C D E F G H I K L M N O P Q R S T V X

Plus tard, on y ajouta l'y et le z, encore empruntés aux Grecs. Ils n'avaient point de J, et une seule et même lettre v servait pour le v et l'u.

Les Romains et les Grecs ont gravé, comme tous les anciens peuples, et comme nous le faisons encore nous-mêmes, les inscriptions sur la pierre et sur le métal. Pour prendre des notes, faire des comptes, écrire une lettre à un ami, on se servait de petites tablettes de bois, minces, enduites de cire. On y marquait les lettres à l'aide d'un poinçon, assez semblable de forme à un de nos crayons. Un bout de cet instrument était en pointe aiguë, l'autre plat ; on traçait les lettres dans la cire molle avec la pointe, et retournant le poinçon, on pouvait effacer, en passant le côté plat sur l'écriture. Or le poinçon à écrire s'appelait un *style* : de là vient qu'on disait et que l'on dit encore au figuré, *le style d'un écrivain*, comme on pourrait dire aujourd'hui, par une métaphore semblable, sa *plume*, pour exprimer sa manière d'écrire.

Les livres étaient écrits sur du *parchemin*, c'est-à-dire sur une peau de chèvre ou de mouton mince et demi-transparente, préparée d'une façon particulière, ou bien encore sur une feuille de *papyrus* d'Égypte. Alors les lettres étaient tracées à l'encre noire sur la surface blanche, à l'aide d'un roseau aminci au bout et finement taillé en bec de plume, qu'on nommait un *calame*. — Voulez-vous avoir une idée de ce que c'était qu'un *livre* au temps de Cicéron l'orateur et de César le conquérant des Gaules? Imaginez une large et très longue bande de parchemin, formée de plusieurs feuilles collées à la suite les unes des autres. Cette bande était écrite d'un seul côté; pour la conserver, on la roulait sur un petit barreau de bois, absolument comme nous roulons certaines cartes de géographie; la bande ainsi enroulée s'attachait

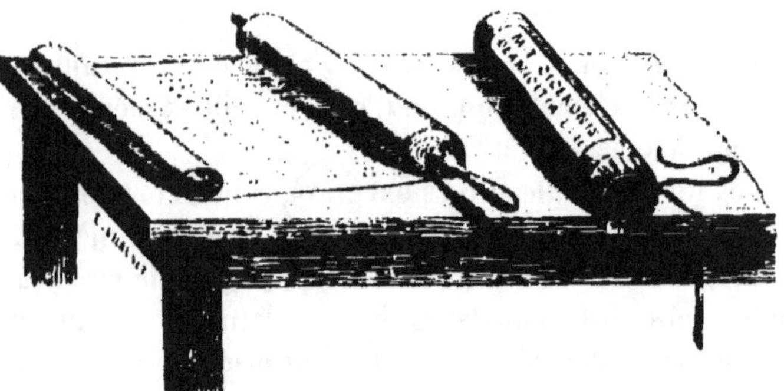

VOLUMEN ROMAIN, LIVRE ROULEAU.

avec deux petits rubans. A un bout, le barreau de bois dépassait un peu, et formait une sorte de manche. Un livre était donc un *rouleau*; et en effet on le nommait *volumen*, c'est-à-dire tout simplement, en latin, rouleau : de là notre mot de *volume* par lequel nous désignons encore un livre, quoique nos feuilles reliées autrement n'aient plus la forme de rouleaux. Figurez-vous donc le *lecteur* assis devant une table :

il a posé, un peu à droite, un *volumen* ; puis il a déroulé un peu de la bande de parchemin. Il a alors devant lui étalées les lignes serrées de l'écriture ; ces lignes sont disposées en *colonnes* semblables aux colonnes de texte imprimé d'un journal, et formées *en travers*, c'est-à-dire dans le sens de la largeur de la bande. Chacune de ces colonnes est appelée une *page*. Le lecteur a-t-il fini sa page, il passe à celle d'à côté, en déroulant un peu plus de son livre ; et ainsi de suite jusqu'à ce qu'il arrive à la fin, c'est-à-dire au bâton. De là vient cette expression encore employée chez nous, *dérouler les pages de l'histoire*. En réalité nous ne déroulons plus un livre d'histoire, nous le *feuilletons*. Le *volume* entièrement lu, le lecteur va le rouler avec précaution, renouer les petits rubans ; puis, pour mieux abriter cette chose précieuse et fragile, il introduisait son rouleau dans une sorte d'étui, semblable à un fourreau de parapluie... Sur cet étui était souvent écrit le *titre* de l'ouvrage, afin qu'on pût le reconnaître sans le dérouler.

Mais si l'ouvrage était un peu long, un seul rouleau ne suffisait point, il en fallait plusieurs ; et l'on disait alors que le livre était formé de *plusieurs volumes*. Représentez-vous une *bibliothèque* de ce temps-là, à Rome, ou bien à Athènes : une salle, avec une longue table au milieu, pour étaler les volumes ; aux murailles des rayons, des *casiers*, où sont couchés les rouleaux. Les petits manches font saillie en dehors du casier ; ces manches sont peints de diverses couleurs, pour aider à distinguer les différents ouvrages ; la plupart portent, suspendue à une ficelle, une petite étiquette où est inscrit le titre du livre. Ailleurs d'autres rouleaux, contenus dans leurs fourreaux, sont plantés debout dans un gros et large étui — que je ne saurais mieux comparer pour la forme et la grandeur qu'à une mesure d'un hectolitre, — et qui contenait tous les *volumes* d'un même livre. Les Romains de ce temps étaient très lettrés, grands amateurs de livres. Chaque homme instruit avait, dans sa maison, sa bibliothèque privée, pour lui, pour ses amis ; mais il y avait aussi, à Rome et dans toutes les grandes villes, des bibliothèques publiques, ouvertes à tous les citoyens. Un très grand nombre de copistes gagnaient leur vie à recopier sur les rouleaux de parchemin ou de papyrus les ouvrages des anciens auteurs, ou les manuscrits que leur confiaient les auteurs nouveaux. Il y avait des *libraires*, qui achetaient le parchemin ou le papyrus, faisaient fabriquer les *volumen* par des ouvriers, les faisaient couvrir d'écriture par leurs copistes, puis étalaient dans leurs boutiques et vendaient ces livres au public : ils en vendaient beaucoup, car alors les gens instruits étaient nombreux. On vendait aussi sur les places, à la porte des bibliothèques, des bains publics, des théâtres, de petits carrés de papiers sur lesquels étaient écrites, en quelques lignes serrées, les nouvelles du jour : — c'étaient les journaux de ce temps-là !

L'ÉCRITURE ET LE LIVRE AU MOYEN AGE.

Lorsque César envahit et conquit le vaste territoire qui est aujourd'hui la France, nos pères les Gaulois étaient, vous le savez, à peu près barbares ; on n'écrivait point en Gaule, si ce n'est dans quelques colonies fondées par les Phéniciens et par les Grecs sur les rivages de la Méditerranée. Cent cinquante ans après l'invasion, la Gaule était devenue toute romaine. Partout, sur le sol gaulois, excepté dans cette indomptable Bretagne, on parlait latin. Vainqueurs et vaincus vivaient sous les mêmes lois, les lois romaines ; on vivait, on s'habillait, on bâtissait, on parlait, on écrivait à la romaine.

Mais, remarquez-le bien, seuls les gens aisés, libres, instruits, les habitants des villes avaient pris la civilisation et les mœurs romaines ; les pauvres habitants des campagnes, ignorants et misérables, parlaient encore leur vieille langue gauloise ; les Bretons la parlent encore aujourd'hui. Dans les grandes villes, à Marseille, à Autun, à Toulouse, à Bordeaux, à Lyon surtout. — Paris n'était alors qu'une bourgade, — il y avait des écoles; on y enseignait le latin, les arts latins, l'écriture latine. A Lyon, par exemple, il y avait des copistes et des libraires, comme à Rome ou à Syracuse; on recopiait, sur les rouleaux de parchemin ou de papyrus, les livres des anciens auteurs grecs et latins; on en faisait de nouveaux. Il y avait encore en Gaule, comme en Grèce, en Italie, des poètes, des historiens, des médecins. — Vers le III° siècle, un grand évènement : le christianisme s'étend en Gaule et dans tout l'empire romain. Mais cela ne changeait rien aux procédés de l'écriture. Seulement, en outre des livres écrits par des auteurs appartenant à la vieille religion romaine, ou même n'ayant pas de religion du tout, il y eut des livres chrétiens, de plus en plus nombreux.

Ce qui changea beaucoup les choses, ce fut l'invasion des barbares. Comme vous le savez, des peuplades plus ou moins sauvages, venues du centre et de l'est de l'Europe, pendant plus de deux siècles traversèrent en tous sens, ravagèrent, pillèrent l'empire romain affaibli, et finirent par s'y établir en maîtres. Vous avez surtout entendu parler des Goths, des Burgondes; puis viennent d'autres hordes non moins pillardes et grossières, ou plutôt plus pillardes et plus grossières encore : les Francs. — Alors tout périt, sciences, arts, écoles, livres... Vous figurez-vous ce que peut devenir un pays civilisé, pillé pendant deux siècles, et qui finit par avoir pour maîtres des barbares tout bruts, tels que Mérovée, ou à peine dégrossis, comme Clovis et ses compagnons? Les villes avaient été dévastées, les terres partagées entre les guerriers vainqueurs. Qui donc alors pouvait penser à s'instruire, à étudier les arts, les sciences, à lire, à écrire? Était-ce les chefs barbares, Visigoths ou Francs, braves certainement, loyaux... quelquefois; mais ignorants toujours et grossiers? Les pauvres habitants de la campagne, traités en esclaves, misérables, ayant mille peines à subsister seulement, n'avaient ni le temps ni le pouvoir de s'éclairer. Depuis les temps des Mérovingiens jusqu'au XII° siècle, c'est-à-dire pendant toute la première partie du moyen âge, on ne trouvait guère d'hommes instruits que parmi les gens d'Église : prêtres, évêques et moines. *Clerc* était alors synonyme de *savant*. Et encore, dans les premiers temps surtout, cette science était bien peu de chose! Un homme qui savait lire, écrire, si, en outre, il savait de mémoire quelques chapitres de la Bible, quelques psaumes, passait pour une merveille! Un vieil auteur du temps, un *chroniqueur*, c'est-à-dire un historien, Frédégaire, disait en parlant de lui-même et de son époque : « Le monde est vieux! l'intelligence s'éteint en nous. Personne aujourd'hui ne peut être comparé aux auteurs des temps passés! » — En passant, vous remarquez ceci, mes chers lecteurs : ce sont toujours les gens qui ne sont plus jeunes qui trouvent que le monde est vieux.

Les rois, les comtes et autres grands personnages d'alors savaient lire à peine; écrire, rarement! A quoi bon? ils avaient autour d'eux des *clercs* qui leur faisaient la lecture, qui écrivaient pour eux; eux, ils signaient, et encore! Tenez, voici la signature de ce fameux roi Dagobert que vous savez :

DAGOBERCTHUS REX.

« Dagobert roi. »

Avec ses gros traits irréguliers — lisibles pourtant, — il n'aurait certainement pas eu le prix d'écriture à la petite classe, dans votre école! « *Le bon saint Éloi* », lui, écrivait beaucoup mieux, comme vous pouvez en juger :

ELIGIUS EPISCOPUS (EN ABRÉGÉ) SUBSCRIPSI (EN ABRÉGÉ).

Éloi évêque, ai soussigné.

Ces lettres en forme de *capitales* (*majuscules*) sans liaisons, faites l'une après l'autre, devaient coûter un certain temps à tracer; et puis le *parafe* qui termine la signature vous paraîtra bien bizarre... Aimez-vous mieux cette écriture longue, maigre, confuse? Pourtant, c'est de la main d'un habile du temps. Ceci, vous ne l'auriez pas deviné tout seul, c'est le nom de Charlemagne, roi de France — en latin, bien entendu, — tel qu'il est écrit en tête d'un *acte* quelconque, par un de ces clercs chargés de rédiger les lois du grand empereur d'Occident... qui ne savait même pas signer.

CAROLUS GRATIA DEI REX FRANCORUM.

« Charles, par la grâce de Dieu, roi des Francs. »

Les moines, à ce moment, et pendant presque tout le moyen

âge, étaient à peu près les seuls qui eussent le loisir et les moyens de s'instruire; quand tout était troubles, guerres, misère, eux seuls avaient la paix, nécessaire pour le travail de l'esprit. De toutes parts les hommes intelligents et pacifiques se réfugiaient dans les monastères pour trouver repos et sécurité. Là seulement il y avait encore des écoles, des livres, des bibliothèques. Certains moines, instruits pour leur temps et laborieux, passaient leur vie à lire, à écrire, surtout à copier des livres. Et quel travail de patience! recopier, lettre à lettre, page à page, ces gros volumes! — Les livres que les moines écrivaient ou copiaient, c'étaient surtout des ouvrages chrétiens, des livres de piété, des *Bibles*, des *missels*, des *Vies des saints* mille fois recopiées. Mais d'autres, des plus intelligents et des plus érudits, comprirent aussi qu'il ne fallait pas laisser périr les livres des auteurs *païens*, c'est-à-dire des anciens auteurs grecs et romains. Ceux-là surtout nous ont rendu un grand service, dont il faut leur être reconnaissants. Sans eux, les livres de l'antiquité, brûlés dans les incendies, oubliés dans les ruines ou tombant en poussière par le temps, auraient tous été détruits : nous ne connaîtrions pas ces ouvrages admirables.

L'écriture de cette époque (vi", vii", viii", ix" et x" siècle) est extrêmement irrégulière, confuse, difficile à déchiffrer, ainsi que vous le voyez par les exemples précédents. On la traçait au moyen de roseaux taillés, puis bientôt de *plumes* taillées, sur le parchemin : le papyrus était devenu de plus en plus rare, et on finit par l'abandonner tout à fait.

On distinguait plusieurs sortes d'écritures : l'écriture *capitale*, formée de lettres majuscules, dont vous venez de voir un exemple; l'écriture dite *onciale*, de forme plus arrondie; enfin l'écriture *minuscule*, dont les petites lettres étaient écrites au plein de la plume, plus ou moins régulières, mais séparées; c'était l'écriture courante des livres. Considérez ces quatre lignes : ce sont les premières d'un livre célèbre

l'*Histoire des Francs*, écrit par le chroniqueur Grégoire de
Tours (vi° siècle) et recopié au vii° siècle par quelque moine
de l'antique abbaye de Corbie[1] :

COMMENCEMENT DE L'HISTOIRE DES FRANCS, PAR GRÉGOIRE DE TOURS.

De Francorum vero regibus quis fuerit primus a mul-
tis ignoratur. Nam cum multa de eis sulpicii alexandri
narret historia, non tamen regem primum eorum valen-
tinus... (nominat).

« Des rois des Francs, quel fut le premier, c'est ce que
beaucoup ignorent. Car, quoique l'histoire de Sulpice
Alexandre raconte d'eux beaucoup de choses, cependant
Valentin ne nomme pas leur premier roi... »

Tout d'abord, pour dignement commencer, une belle et
grande initiale; puis quelques mots en majuscules un peu arrondies. Mais alors le brave moine qui voit le temps que lui
ont coûté ces deux lignes, se met à penser, avec raison, que
s'il lui fallait écrire le livre tout entier avec ces caractères-
là, il n'en finirait de sa vie! Et, dès la seconde ligne, il prend
une écriture plus rapide, mais plus irrégulière, une *ronde* peu
facile à lire. Enfin, lorsqu'il ne s'agissait pas de livres, mais
de notes ou de simples correspondances, on ne se donnait
pas la peine de tracer les caractères séparés; on écrivait
chaque mot d'un seul trait de plume, comme nous faisons, en
liant ensemble les lettres; c'était ce qu'on nommait l'écriture
cursive ou *expéditive*, c'est-à-dire rapide; chacun la traçait

1. Près d'Amiens.

un peu à sa façon, et plus ou moins illisible, exactement comme de nos jours. La signature de Dagobert, le nom de Charlemagne nous en donnent des exemples.

Les livres de ce temps avaient deux formes différentes; quelques-uns étaient encore disposés en rouleaux, comme à l'époque romaine; les autres, que l'on appelait *livres carrés*, étaient formés, comme les nôtres, de feuillets — mais de feuillets de parchemin, écrits sur les deux côtés, cousus avec des bandelettes, des rubans ou des ficelles, protégés par une couverture de parchemin encore, quelquefois de cuir ou même de bois. — Or le parchemin coûtait fort cher; le travail de copie était extrêmement long, et bien peu de gens savaient écrire. Un livre, surtout un livre des anciens auteurs, était alors chose rare, précieuse. Les monastères avaient des bibliothèques; mais une bibliothèque contenant une centaine de volumes était considérée comme une merveille.

Figurez-vous un homme instruit de ce temps, désireux d'apprendre davantage. Il veut lire un livre de science, ou tel ouvrage ancien, grec ou latin. — Mais ce livre, on n'en connaît qu'un seul exemplaire, souvent cet exemplaire est dans tel monastère, en Italie, ou bien en Allemagne, ou encore en Angleterre. Pour lire le livre, il faut faire le voyage : un long voyage, dangereux, pénible; des centaines de lieues peut-être, à pied ou à cheval, car alors — vous le savez de reste — il n'y avait point de voitures, à peine y avait-il des routes : un voyage, ce n'était pas, comme aujourd'hui, une partie de plaisir! — Alors il dit adieu à sa famille; il arrange ses affaires : combien de temps sera-t-il absent? il ne sait. Il peut bien ne jamais revenir. Il prend son bâton, quelque argent, il part. Il marche à petites étapes. Vers le soir, rencontre-t-il un château, il s'arrête, il demande l'hospitalité; sinon, quelque paysan l'abritera dans sa grange. Une autre fois il lui faudra traverser quelque pays désert ou infesté de brigands — il n'en manquait pas! — ou encore passer sur des terres ravagées par la guerre, où tout était incendie et pillage; que de fatigues et de périls! — Un jour, c'était au x° siècle, un personnage docte pour son temps, nommé Yves de Reims, très curieux surtout de médecine, vient de Reims à Chartres, pour lire un livre du célèbre médecin grec *Hippocrate*, qu'on nommait le *père de la médecine*. C'était le seul exemplaire qu'il y eût dans tout le nord de la France. Il vint partie à cheval, partie à pied; le trajet n'était pas bien long pourtant, une soixantaine de lieues peut-être : il arriva épuisé; deux fois en route il avait failli périr. Je vous raconte cette anecdote entre mille semblables, pour vous faire mieux comprendre combien, en ces temps noirs et malheureux, il était difficile d'étudier, de trouver un professeur, des livres. Certes alors il fallait de la résolution, du courage pour qui voulait s'instruire; il y avait du mérite! Comparez; et soyez reconnaissants, mes chers lecteurs, à tous les hommes de science et de travail qui ont rendu pour vous l'instruction si facile! Je reviens à mes livres.

Dès longtemps les *copistes* se plaisaient à orner leur écriture, surtout les lettres *initiales* (commençant les chapitres ou les paragraphes), de traits de plume, de festons, de feuillages plus ou moins agréablement disposés. Vers les temps de Charlemagne on voit naître cet art charmant d'*enluminer* — nous dirions aujourd'hui *illustrer* — les livres manuscrits de dessins délicats, faits au pinceau, éclatants des plus vives couleurs, enrichis d'or et d'argent. Ces dessins, ce ne sont pas seulement des enroulements de feuillages, de fleurs, d'oiseaux brillants, voltigeant autour des *lettres initiales* ornées; ce sont aussi de petits tableaux, des *miniatures* exécutées très finement, avec un soin extrême et une délicatesse merveilleuse, représentant des personnages, des scènes. Les *livres d'heures* et autres ouvrages religieux surtout étaient magnifiquement ornés d'enluminures qui tenaient souvent plus de place sur la page que l'écriture même... *Le livre des Évangiles*, appartenant à Charlemagne, était orné de miniatures admirablement exécutées; de plus, les lignes en étaient écrites en lettres d'or, sur du parchemin teint de couleur pourpre, c'est-à-dire rouge-violet. Combien il dut coûter de temps et de peine aux *copistes*, aux *miniaturistes* du monastère où il fut écrit et enluminé, sous la direction du célèbre *Gottschalck!* Mais aussi c'était un livre de roi. La *Bible* de l'empereur Charles le Chauve n'était pas moins riche. Combien de tels livres eussent coûté cher, vous pouvez vous l'imaginer! Mais on ne les vendait pas. Ces *manuscrits* précieux ont été conservés avec beaucoup d'autres semblables, dans nos musées et nos bibliothèques, pour nous donner une idée de ce qu'on pouvait faire de plus beau aux IX° et X° siècles.

C'est surtout aux XII° et XIII° siècles, c'est-à-dire aux siècles des croisades, que l'art de copier, d'enluminer et aussi de *relier* les livres fait des progrès. Alors il y avait des hommes instruits ailleurs que chez les moines; ailleurs que dans les monastères il y avait des écoles. Vous avez tous entendu parler des célèbres écoles de Paris; il y en avait aussi dans plusieurs autres grandes villes. Les *écoliers*, les *jeunes étudiants*, les *clercs de l'université* n'étaient pas riches! Il leur fallait presque toujours recopier eux-mêmes, de leur propre main, les livres qui servaient à leur enseignement; il se les vendaient les uns aux autres, ou les échangeaient entre eux. Vous pensez bien qu'ils n'avaient guère le temps de faire des ouvrages de luxe, de tracer de belles lettres et des miniatures! Ils écrivaient à la hâte, comme des écoliers qu'ils étaient, plus préoccupés de la chose à apprendre que du soin de l'écriture. Il y avait aussi des *écrivains* qui faisaient métier de copistes, et vendaient des livres plus ou moins ornés. Mais c'était toujours dans les monastères que se faisaient les plus beaux, les plus soigneusement enluminés et reliés. Alors les moines étaient riches et puissants. Ils bâtissaient des églises magnifiques; autour, de vastes bâtiments pour eux, pour leurs *écoles ;* puis les logis de leurs serviteurs : chaque grande *abbaye* était comme une petite ville, où l'on trouvait, où l'on produisait tout ce qui est nécessaire à la vie. Point de famille, point de souci pour leur subsistance : ils avaient abondance et paix, richesse et loisir. Ceux qui parmi eux avaient le goût de s'instruire trouvaient toute facilité. Il y en avait qui aimaient les sciences, les arts, surtout *l'architecture,* le grand art du moyen âge ; les livres, surtout les *beaux livres.* Dans la plupart des monastères il y avait un *chartrier* où l'on conservait les *chartes,* les *archives,* c'est-à-dire les écritures ; une bibliothèque pour les manuscrits ; il y avait des ateliers pour les moines *copistes* et *miniaturistes.*

C'est dans le lieu le plus retiré, le plus renfermé du vaste édifice, près du cloître, une petite salle voûtée d'ogives, avec de hautes fenêtres étroites. Entrez-y avec moi par la pensée. Ici un silence solennel, froid et triste. Dans l'embrasure de chaque fenêtre, une table inclinée en forme de pupitre : à sa table est assis le copiste. Il a devant lui, dressé sur un appui, le livre qu'il doit copier ; sous sa main, des feuilles planches de parchemin, des plumes d'oie, et aussi des plumes de corbeau, pour les traits les plus déliés. Près de lui l'écritoire contient non seulement de l'encre noire, d'un beau noir vif et net, mais aussi de l'encre rouge et de l'encre bleue. D'une main patiente, d'un mouvement égal, il trace les lignes d'écriture. Les lettres alors, depuis le XIII° siècle jusqu'au XIV°, sont formées d'un trait large, plein ; l'écriture a des angles marqués : elle est à peu près semblable à cette écriture de fantaisie que nous appelons *gothique,* et qui, en effet, est une imitation altérée de ces anciennes écritures manuscrites. Les *abréviations,* les mots écrits à moitié seulement, y sont très communs. Certains mots, certains signes que l'on voulait faire remarquer davantage, des titres de chapitres, des lettres initiales s'écrivaient en couleur bleue ou rouge, rouge le plus souvent. Cette habitude de tracer en rouge certaines parties du texte s'est conservée très longtemps, même jusqu'à nos jours, dans certains livres imprimés, par imitation des manuscrits : de là le nom de *rubriques* donné aux titres et indications distinguées de cette manière du courant de l'écriture ou du texte imprimé, et qui signifie *caractères rouges*. Le copiste se plaisait parfois à orner de quelques traits de plume ses grandes lettres initiales. Mais si ces lettres doivent être plus richement parées, peintes de vives couleurs, ornées d'argent et d'or, alors ce n'est plus son affaire : il laisse en blanc la place, qui sera remplie par les *enlumineurs*. Ceux-ci occupent une autre salle. Autre travail, autres outils aussi. Leurs couleurs, finement broyées avec de l'eau gommée, sont versées dans des godets ; sous leurs mains est tout un assortiment de plumes à fins becs, et surtout de minces pinceaux. Les uns étalent la couleur uniforme sur les *fonds* ; les autres tracent les traits légers, les enroulements capricieux. Les plus habiles, véritables artistes, peignent les miniatures représentant des animaux fantastiques, des feuillages et des plantes impossibles, des personnages. Voulait-on faire briller, à travers les enroulements et les feuillages, ou sur les vêtements brodés des personnages, de fins traits d'or ou d'argent : les lignes étaient tracées à la plume avec une composition liquide gluante ; puis sur le trait encore frais on semait de la poudre d'or ou d'argent finement tamisée, absolument comme vous saupoudrez l'écriture de sable pour empêcher l'encre de tacher, de s'enlever au frottement de la main. Le liquide séchait, et l'or se trouvait fixé sur le parchemin. Oh ! que j'en ai vu de fines et délicates miniatures sur les beaux manuscrits de ce temps, conservés dans nos bibliothèques ! Quels traits légers, quels gracieux enroulements encadrent les pages, remplissent le vide des grandes lettres initiales ! Puis ce sont des personnages vêtus à la mode du temps, ou des scènes d'histoire, telles que se les figurait le miniaturiste. Souvent sur la première page du livre l'auteur ou le traducteur, quelquefois le copiste, s'est fait représenter offrant son ouvrage à quelque prince, à quelque grand seigneur.

Le livre ensuite était relié ; les feuilles de parchemin solidement cousues, bien dressées à la tranche ; une couverture y était appliquée, le plus ordinairement de parchemin aussi, ornée de compartiments et de dessins en couleur ou dorés, parfois de cuir ; les plus grands volumes avaient souvent une couverture de bois. De jolies agrafes de métal servaient à tenir le livre fermé : c'étaient les *fermoirs*. — Les livres que ces moines écrivaient de leur plus belle écriture, ornaient des plus brillants dessins, et protégeaient de couvertures à fermoirs d'argent et renfermaient dans de riches étuis, c'étaient, comme vous le pensez bien, des livres d'église, des *Bibles*, des *Évangiles*, des *missels*, des *livres d'heures*, des *Vies des saints*. On en cite qui ont dû coûter cinquante ou même cent mille francs de notre monnaie. Mais c'étaient là des exceptions, des livres de luxe. Un manuscrit plus simple, une *Bible* très ordinaire, copiée ainsi à la main, avec lettres ornées et miniatures, valait encore de 2000 à 6000 francs. Les *abbés* parfois les vendaient ou les échangeaient.

Les livres de science étaient beaucoup plus rares, et généralement très simplement écrits, ainsi que les livres des auteurs anciens. — Nous avons dit quels services des moines instruits nous ont rendus en nous conservant ces beaux ouvrages de l'antiquité, qui, sans leurs soins intelligents, eussent été perdus pour nous. Mais tous n'étaient pas instruits, tant s'en faut, ni amis des livres et de la science! Il y eut parmi eux grand nombre d'ignorants, qui négligèrent les livres, surtout les ouvrages des anciens auteurs grecs et latins, qu'ils dédaignaient, n'étant pas capables de les comprendre. Et alors ceux-là laissaient périr les livres légués par leurs prédécesseurs ; ils les laissaient tomber en poussière et manger aux vers dans quelque coin obscur de la bibliothèque abandonnée. Quelques-uns de ces ouvrages anciens, aux cou-

vertures lacérées, aux fermoirs arrachés, aux pages rongées
de vers, à l'écriture jaunie, à demi effacée, ont été retrouvés
depuis, dans les greniers, sous les décombres... on les conserve aujourd'hui avec un soin extrême dans nos musées et
dans nos bibliothèques, comme des objets précieux, des
trésors : et ce sont des trésors en effet, puisqu'ils nous ont
transmis les pensées des hommes d'autrefois! Ceux-là sont
sauvés; mais combien ont péri! Ah! combien de livres furent
ainsi détruits, des ouvrages de science, de poésie, d'histoire, que nous serions si heureux de posséder maintenant, et

que personne ne retrouvera jamais! — D'autres faisaient pis
encore. Le parchemin était cher... pour l'épargner, savez-
vous ce qu'ils imaginèrent? Ils prenaient tout simplement, dans
la bibliothèque, ces vieux livres poudreux, oubliés, inutiles
suivant eux. Ils détachaient les feuillets, puis ils lavaient, grat-
taient les pages, effaçaient les caractères. Et alors, sur le parchemin redevenu blanc, ils recopiaient de petits *livres d'heures*
qu'ils vendaient. — Ce fut une immense destruction, un désastre irréparable : l'ignorance de ces moines avait fait plus
de mal que n'eût pu faire l'incendie. Ces anciens manuscrits,
lavés, grattés et regrattés, sont ce qu'on appelle des *palim-*

psestes, d'un mot qui signifie : *regrattés*. Or il faut vous dire que l'ancienne écriture a rarement été si complétement détruite qu'il n'en restât nulle trace ; elle reparaissait, mais pâle, jaunâtre, indistincte, entre les lignes et sous les nouveaux caractères. Et alors nos savants modernes ont pu, parfois avec des difficultés inouïes, déchiffrer l'écriture ainsi effacée et couverte ; ils ont refait, pour ainsi dire, lettre par lettre, mot par mot, des livres que l'on croyait totalement anéantis. Ainsi on a pu retrouver, à l'aide des *palimpsestes*, certains ouvrages précieux de science, d'histoire, des *œuvres* d'auteurs grecs ou latins, ou même des écrits des premiers temps du moyen âge.

Au xiv⁰ et au xv⁰ siècle, l'art de copier, d'enluminer et de relier les manuscrits fit encore des progrès. Et pourtant c'était une triste époque ; vous souvient-il de votre histoire ? La guerre de Cent Ans, la jacquerie, les grandes compagnies... Eh bien ! malgré la guerre, les désastres et la misère, le goût des livres, et des *beaux* livres, allait toujours croissant. — Voici un exemple de l'écriture gothique du xiv⁰ siècle : ce sont les premières lignes d'un manuscrit des *Mémoires du sire de Joinville;* et en tête de cette page, tout

ÉCRITURE DU XIV⁰ SIÈCLE.

« A (grande initiale ornée) Son bon seigneur loys filz du Roy de france par la grace de dieu roy de navarre de champaigne et de brie conte palazin. Jehan sire de ioinville son seneschal de champaigne Salut et amour et honneur... »

enguirlandée de légers feuillages, est une charmante minia-
ture qui représente, suivant l'usage du temps, l'auteur lui-
même, l'historien des dernières croisades, offrant son livre au
fils du roi de France, qui sera Louis X le Hutin. — C'est alors
surtout que les enlumineurs et miniaturistes sont devenus
merveilleusement habiles; leurs dessins sont plus grands,
plus finement peints, et leurs personnages beaucoup mieux
dessinés. Sur certains de ces manuscrits enluminés, *historiés*,
comme on disait encore, conservés dans nos bibliothèques,
c'est un luxe merveilleux d'or et d'argent, de couleurs brillantes; une profusion inouïe de feuillages, d'enroulements,
de fleurs et d'oiseaux, de personnages... tant, que les ornements tiennent beaucoup plus de place que l'écriture. C'était
trop même. — Certains moines de ces siècles se plaisent encore à ces patients travaux; mais ils ne sont plus seuls ou
presque seuls, comme aux temps déjà passés, à lire, à écrire,
à copier et enluminer les manuscrits. Il y a dans les villes, à
Paris surtout, grand nombre de *copistes* et *rubricateurs* (faiseurs
de rubriques, d'écritures copiées en couleurs), des miniaturistes qui font des livres aussi beaux, plus beaux même; et qui
les vendent fort cher : car tous les riches seigneurs tiennent à
honneur de posséder de beaux livres — même ceux qui ne savent pas lire! Un de ces copistes surtout est devenu célèbre :
c'est *Nicolas Flamel*, homme habile, fort amateur de traits de
plume compliqués et bizarres, ainsi que vous pouvez le voir
par sa signature, ici représentée. Avec son travail patient il
fit une si grande fortune, que les gens d'alors, ne pouvant
s'expliquer la chose, le crurent *sorcier*, et s'imaginèrent qu'il
avait trouvé le moyen de faire de l'or... C'était une idée du
temps. Un roi même, le *bon roi René*, comme on disait dès
lors, homme pacifique, curieux de toutes sortes d'arts et de
travaux, et plutôt fait pour être artiste que pour être roi, très
habile peintre pour son époque, s'est plu aussi à *enluminer*
des manuscrits : il nous en reste quelques-uns, ornés de des-

sins de sa main, et qui sont des chefs-d'œuvres de délicatesse :
le plus célèbre a pour titre le *Livre des Tournois.*

Mais c'est assez ; laissons les connaisseurs admirer ces beaux
livres à fermoirs d'or, ces coûteux bijoux : une autre chose nous intéresse davantage. Et c'est que vers le temps dont nous parlons, le goût des livres, l'art d'écrire se répandent de plus en plus, en même temps que le savoir, l'instruction.

SIGNATURE DE NICOLAS FLAMEL.

Des milliers d'écoliers, au xiv' et au xv' siècle, remplissaient
les écoles ; le quartier de l'*Université,* à Paris, habité par les
professeurs et leurs élèves, était à lui seul une grande ville.
— Lorsque les écoliers de Paris avec tous leurs maîtres allaient, rangés sur deux lignes, en grande cérémonie, acheter
à la foire du *Landit,* qui se tenait près de Saint-Denis, le parchemin nécessaire pour leurs travaux de chaque année, « la
tête de la procession, » disent les historiens du temps, « était
déjà arrivée dans la plaine Saint-Denis, que la queue n'avait
pas encore quitté la rue Saint-Jacques, la vieille rue des écoles,
à Paris. » Une procession de plus de deux lieues de longueur !
— N'y a-t-il pas là un peu d'exagération ? Peut-être ; mais ra-
battons de moitié... Une chose est certaine, c'est que les écoliers étaient en nombre immense. Pour eux, des milliers de
copistes gagnaient leur vie à recopier cent fois des livres de
sciences, de grammaire, d'histoire, livres sans ornements, sans
beauté, mais d'autant plus utiles, parce qu'ils coûtaient moins.
A voir l'écriture rapide et serrée de ces copistes, on sent qu'ils
se hâtaient, parce qu'ils avaient beaucoup à faire. De nombreux
libraires s'occupaient à fabriquer et à vendre les livres.

Figurez-vous dans l'ancien quartier de l'Université, à Paris, près de la célèbre école de la Sorbonne, dont il est tant parlé dans l'histoire, quelque rue étroite, à pente rapide, mal pavée, avec de vieilles maisons dont les hauts étages avancent comme si elles voulaient se rejoindre au-dessus. Dans cette rue, une vaste boutique, assez sombre. Là, sur des rayons, sur des tables, des livres manuscrits de parchemin, les uns copiés et ornés avec soin de lettres peintes et d'enluminures, les autres ayant leurs pages couvertes d'une écriture rapide et serrée, chargée de toutes sortes d'abréviations, pour tenir moins de place. Quelques-uns de ces livres sont étalés, tout ouverts, sur la table, comme pour inviter à les feuilleter. Imaginez, dans la boutique, des acheteurs et des visiteurs : hommes d'Église à l'air sévère, écoliers bruyants, examinant les ouvrages, causant, discutant entre eux, ou débattant leur prix avec le marchand, quelque vieux libraire à barbe blanche, sérieux et affairé. Et il a beaucoup à faire, vraiment! C'est un homme actif et instruit : il le faut, dans son métier. Des *parcheminiers* viennent lui apporter des parchemins de différentes qualités. Puis ce sont les copistes : les uns viennent chercher les modèles qu'ils doivent recopier, et remportent en même temps la provision de parchemin nécessaire; les autres présentent au libraire leurs travaux achevés : celui-ci doit vérifier si l'écriture est lisible et nette, la copie fidèle et soignée. De leur côté des relieurs, des *lieurs*, comme on disait alors, viennent prendre les pages copiées qu'ils rattacheront avec d'étroites bandelettes de parchemin; d'autres rapportent les volumes reliés, avec leurs couvertures plus ou moins simples, plus ou moins richement ornées. Le libraire doit veiller à tout, diriger tout le travail. Et le travail du livre, au moment dont nous parlons, va sans cesse augmentant. Déjà les copistes ne pouvaient plus suffire à copier, ni les *parcheminiers* à préparer les peaux, ni les *lieurs* à relier les volumes copiés. Mais plus que tout le parchemin manquait... Que faire? On se mit à fabriquer du papier.

Il faut vous dire que le papier était connu depuis longtemps déjà. Il y a des siècles et des siècles que les Orientaux, les Chinois, les Hindous, les Arabes, savaient en faire. Dès le xie siècle, cet art était connu chez nous. Ce papier se fabriquait avec du *coton* en ouate. Il était fort blanc, mais coûtant assez cher, le coton étant rare; surtout il était peu solide, peu durable : on s'en servait à peine. Au xiie siècle on fabrique, mais en petite quantité, le *papier de chiffons*, notre papier à nous, dont je vous expliquerai bientôt la curieuse fabrication. Mais c'est au xive siècle, au moment où le parchemin va faire défaut partout, que l'art de faire du papier, de beau et bon papier, se perfectionne; de toutes parts, et surtout aux environs de Paris, on construit des *papeteries*. « Ah! comme cela vient bien! vous dites-vous, nous voilà tirés d'affaire; les livres ne nous manqueront pas désormais faute de parchemin. » — Avez-vous remarqué comme les inventions tombent toujours juste au moment où on en a besoin? Est-ce donc une merveille? un sort? Eh non! Auparavant, quand une chose n'était pas nécessaire, personne n'y songeait; qui se serait donné la peine de chercher, puisqu'on avait ce qu'il fallait? Mais voilà qu'on s'aperçoit qu'il manque quelque chose; on *sent* le besoin : et alors on cherche, on essaye, on trouve, on invente! C'est la nécessité qui rend ingénieux. Vous allez en avoir une preuve bien plus belle encore.

CHAPITRE II

L'INVENTION DE L'IMPRIMERIE

GUTENBERG

C'était en 1437 : rappelez-vous cette date; c'est l'une des plus grandes dates de l'histoire du monde. Il y avait à Strasbourg un gentilhomme nommé *Jean Genfleisch de Sorgelosch*, dit *Gutenberg*. Il avait peu de fortune, mais il était instruit, laborieux, chercheur, courageux et patient, extrêmement ingénieux. Jean Gutenberg était né à Mayence; mais, à la suite de certaines émeutes, il avait été obligé de quitter sa ville natale avec sa famille; il était allé d'abord on ne sait trop où, puis enfin à Strasbourg. Une idée le tourmentait : c'était de trouver un moyen de *copier des livres sans plume*, en grand nombre, rapidement et à peu de frais. Il n'était pas le seul qui y pensât; beaucoup d'autres à cette époque étaient préoccupés de cette idée; beaucoup se disaient : « Il faudrait bien trouver... » Mais lui, de plus que les autres, il avait le génie pour imaginer, la résolution pour essayer, la persévérance pour réussir. — Tout naturellement il s'informa d'abord de ce qui avait été fait avant lui. Or depuis près d'un siècle on fabriquait, en Hollande surtout, d'assez laides images de saints, dessinées à gros traits, au moyen d'un procédé de *gravure* que je dois tout d'abord vous expliquer.

Vous connaissez sans doute ces cachets dont on se sert pour imprimer certaines marques, en noir ou en couleur, sur le papier ou sur quelque autre objet. Le bout du cachet qui marque, qui forme *l'empreinte*, est gravé; il a des parties creuses, d'autres en saillie, en *relief*. On presse doucement la surface gravée sur un tampon de drap ou de cuir enduit d'une encre épaisse et grasse. Les *reliefs* seuls touchent le tampon; l'encre s'y attache; mais les parties creuses n'y touchent pas, l'encre n'y pénètre pas. Eh bien! que l'on presse maintenant un peu fortement le cachet sur du papier blanc, le papier sera noirci aux endroits touchés par les reliefs *encrés;* les parties creuses ne marqueront pas, et le papier restera blanc à ces endroits. Vous avez bien compris ceci; et déjà vous avez une première idée du procédé *d'impression.* Or c'est justement de cette façon qu'agissaient nos fabricants d'images de Haarlem et autres lieux. Ils prenaient tout d'abord un bloc de bois dur bien dressé à sa surface. Puis, sur cette surface, au moyen d'outils aigus et tranchants, ils creusaient certaines parties, laissant d'autres parties en relief; et ces parties laissées en relief formaient les lignes, les traits du dessin qu'il s'agissait d'imprimer. C'était, comme vous le voyez, un vaste cachet... *L'imagier* prenait un rouleau de matière molle, enduit d'encre grasse; il le promenait sur la surface gravée de son bloc de bois : l'encre s'attachait aux lignes laissées en relief, sans noircir les endroits creusés. Alors il ne s'agissait plus que de presser modérément et régulièrement une feuille de papier ou de parchemin sur les reliefs noircis. Pour ce, on se servait d'une *presse.*

Figurez-vous un pressoir en petit. Une solide table, deux gros *montants* rejoints par une *traverse;* un plateau de bois, de forme carrée, peut se soulever ou s'abaisser sur la table, entre les deux montants; au-dessus, une forte vis de fer ou de bois, disposée de telle sorte qu'en tournant la vis dans un sens, au moyen d'une barre ou levier de fer, on fait descendre le plateau, qu'en tournant en sens contraire, on le fait remonter: voilà les pièces principales de la machine, très simple, comme vous voyez. Vous en aurez une idée suffisante en jetant un coup d'œil sur le dessin de la page 103, où une presse de cette sorte est représentée, au fond de la chambre. Imaginez maintenant que le bois gravé, noirci d'encre, ait été posé sous le plateau de la presse; qu'une feuille de papier blanc ait été étendue sur ce bois : si l'on tourne la vis, le plateau descendra, pressera fortement et régulièrement la feuille sur les traits noircis, ces traits marqueront sur le papier. — On fait remonter le plateau; on retire de dessous le bois gravé, on détache la feuille de papier : voici un dessin imprimé en traits noirs sur le papier blanc. On peut recommencer dix fois, cent fois, mille fois la même opération, et à chaque fois on imprimera un dessin absolument semblable : en un mot, on peut reproduire autant d'*exemplaires* que l'on veut du même dessin. C'est donc par ce moyen que les imagiers imprimaient, ainsi que nous l'avons dit, leurs images de saints. — Mais si on imprime des dessins, on pourrait bien imprimer de même de l'écriture? — Sans doute, on le peut; il n'y a qu'à graver sur le bloc de bois, à la place des traits du dessin, des caractères, des lettres et des groupes de lettres. Les imagiers y avaient bien pensé; au bas de leurs *estampes* on voyait quelques lignes, gravées de la même façon et imprimées en même temps : ces lignes expliquaient le sujet de l'image. Ayant imprimé de cette manière, au moyen de plusieurs bois, plusieurs images différentes sur des feuilles de parchemin ou de papier, on réunissait ces feuilles, on les reliait ensemble, à la façon des manuscrits, et on avait un petit livre d'images. Ce procédé, qu'on appelait *xylographie* ou *gravure sur bois*, a été beaucoup perfectionné depuis.

Gutenberg savait tout cela. Et il savait aussi que du moment qu'on peut imprimer un livre avec images, on peut imprimer un livre sans images. Lui-même, vers ce temps-là, il avait produit par ce procédé un petit livre, une sorte d'*abrégé de grammaire* pour les enfants des écoles, qu'on appelait un *Donat*, du nom de son auteur. Mais c'était pour s'exercer sans doute; car tout en faisant cela il pensait à autre chose. Comprenez les inconvénients de ce procédé de *xylographie*. Voici un bloc de bois où sont gravés en relief tous les caractères d'une page d'écriture : ce travail est très difficile, très long, très coûteux. Et avec ce bois gravé qui coûte si cher, vous pouvez imprimer, autant de fois que vous voudrez, une seule page, toujours la même page. Voulez-vous faire un livre qui ait, par exemple, cent pages? Il vous faut cent blocs de bois gravés : dépense énorme ! Et avec ces cent bois vous pourrez imprimer, autant de fois que vous voudrez, un seul livre, toujours le même livre.

« Mais, se disait Gutenberg, si au lieu de graver ces caractères sur un seul bloc, tous tenant ensemble, on gravait chaque lettre à part sur un petit morceau de bois ou de métal séparé? En alignant, en ajustant, les unes près des autres, ces petites pièces portant chacune une lettre, on pourrait former des mots, des lignes, une page entière, qui s'imprimerait aussi bien que si elle était faite d'un seul bloc. Puis, la page étant imprimée, à mille ou dix mille *exemplaires*, par exemple, on pourrait séparer toutes ces lettres; et alors les groupant autrement, on pourrait former d'autres mots, d'autres lignes, une autre page. Ainsi les *mêmes lettres* gravées pourraient servir à imprimer un grand nombre de pages, de livres différents. » Ah ! voilà l'idée de l'homme de génie, la grande invention, la trouvaille merveilleuse... « Eh quoi ! direz-vous peut-être, de petites lettres *mobiles* que l'on peut grouper de différentes manières pour former des mots, des phrases, mais c'est une chose toute simple ! » — Oui, toute simple. Une chose est toujours simple quand elle est inventée. C'est quand il faut la trouver qu'elle est difficile. De petites pièces portant gravées les lettres de l'alphabet, qu'on peut ranger d'une manière ou d'une autre pour former des mots, cela semble un jeu. Eh bien, de toutes les découvertes qui ont été faites depuis l'invention de l'écriture, il y a des milliers d'années, aucune n'était plus grande; aucune n'a produit des effets plus importants. Ces petites lettres allaient tout changer par le monde... Comment, je vous le dirai bientôt. — Et d'ailleurs, si l'idée en elle-même était simple, ne croyez pas qu'elle fût facile à mettre en œuvre, surtout dans ce temps-là. Il fallut bien des essais, bien des efforts, beaucoup de travail. Il fallait aussi de l'argent pour faire fabriquer tous les outils nécessaires. Or Gutenberg n'était pas riche, je vous l'ai dit. Que fit-il? Il chercha de l'aide. Il s'associa d'abord avec Jean Riffe, André Heilmann, André Dritzehen, des hommes courageux et ingénieux aussi, qui lui prêtèrent de l'argent et l'aidèrent à faire ses essais. Tous ensemble ils travaillaient avec ardeur. Ils étaient près de réussir lorsque André Dritzehen mourut. Ce pauvre André avait tant veillé, tant travaillé, qu'il devint malade et périt à la peine. Il mérite bien, n'est-ce pas, un souvenir?

André Dritzehen avait des frères : ceux-ci firent un procès à Gutenberg pour l'obliger à rendre la part d'argent que leur frère mort lui avait prêtée. Gutenberg a perdu son meilleur aide; il est ruiné. Il lui reste seulement sa presse, quelques outils, des ouvrages commencés... Que faire? Il n'a plus d'argent. Avec le peu qui lui reste, il quitte Strasbourg, où il a été si malheureux, et revient à Mayence, sa ville natale.

Gutenberg n'avait pas complètement réussi. Et c'était une chose très difficile en effet que de fabriquer ces petites lettres mobiles et de les ajuster convenablement. Tout d'abord il avait essayé d'en faire en bois : mais elles s'usaient trop vite, elles se brisaient, se tordaient... le bois n'était pas assez solide. Il pensa qu'il fallait les faire en métal. Mais quel métal? Le fer était trop dur; le plomb était trop mou. Gutenberg essaya plusieurs combinaisons de métaux différents. Et comment les façonner ces lettres? Il les fit graver, tout d'abord, ou plutôt sculpter à la main, avec un outil tranchant, comme on sculptait les lettres de bois. Mais le travail était encore trop long et trop coûteux. Il fallait trouver un moyen de *fondre* ces lettres dans des moules, afin d'en façonner un grand nombre, sans peine, rapidement, sans trop de dépense. Et juste au moment où il allait réussir sans doute, il lui arrive le malheur que vous savez. S'il se fût découragé, son invention était perdue.

Mais il ne se découragea pas. Arrivé à Mayence, il chercha de nouveaux associés qui voulussent bien lui prêter de l'argent et travailler avec lui. C'est alors qu'il fit connaissance d'un orfèvre, riche et avare, ingénieux cependant et intelligent, qui se nommait *Fust* ou *Faust*. Ce Faust comprit tout de suite que l'invention était excellente, et qu'il y aurait là de l'argent à gagner. Il prêta à Gutenberg la somme nécessaire pour ses travaux; mais il s'arrangea de manière a garder le bénéfice pour lui tout seul.

Dans la maison de l'orfèvre il y avait un jeune *clerc*, comme on disait alors, homme instruit et laborieux, très habile copiste, nommé Pierre Scheffer. Celui-ci ayant eu connaissance des essais que son maître Faust faisait avec Gutenberg, se mit à chercher de son côté. Et tout d'abord il inventa une manière de fondre les petites lettres de métal beaucoup meilleure et plus rapide. Faust fut tellement ravi de cette découverte, qu'il prit Scheffer en grande amitié; il lui donna sa fille en mariage et l'associa avec lui-même et avec Gutenberg. Tous trois alors se mirent à travailler avec zèle et à *perfectionner* leurs procédés : car Faust n'était pas seulement un riche prêteur d'argent, c'était en même temps un habile homme. Ils commencèrent par imprimer non plus simplement de petits livres pour essai, comme l'avait fait Gutenberg, mais une *Bible*, une grosse *Bible* en latin, *in-folio :* je vous expliquerai plus tard ce que ce mot veut dire; entendez qu'il s'agissait d'un volume énorme. Puis ils firent une autre Bible plus petite, en caractères plus fins, d'autres livres encore à la suite. L'imprimerie était inventée (1450).

Mais il faut que j'achève en quelques mots l'histoire de ce pauvre Gutenberg. Son associé, le riche orfèvre, connaissait donc tous les *secrets* de la grande invention, de *l'art mystérieux,* comme on disait alors; car on avait caché les procédés à tout le monde, autant que possible. Maintenant que tout allait bien, Faust n'avait plus besoin de l'inventeur. Il pensa à se débarrasser de lui, pour n'être pas obligé de lui donner une part du bénéfice qu'on allait faire en vendant les livres imprimés. Il se fâcha donc avec Gutenberg. « Rendez-moi, lui dit-il, l'argent que je vous ai prêté. » Mais Gutenberg ne l'avait plus, cet argent; il l'avait dépensé pour acheter des outils, pour payer ses ouvriers; et Faust le savait fort bien! Gutenberg ne pouvant lui rendre l'argent, il lui fit un procès. Gutenberg perdit. Faust garda pour lui presque tous les outils, les livres imprimés, le bénéfice : le pauvre inventeur était encore une fois ruiné. Il ne désespéra pas pourtant. C'était, je vous l'ai dit, un homme de grand courage. Il y avait à Mayence un riche bourgeois, intelligent et instruit, le docteur Conrad Humery, qui estimait beaucoup Gutenberg. Indigné de la conduite de Faust, il offrit généreusement à Gutenberg tout l'argent dont il aurait besoin pour recommencer ses travaux. Gutenberg accepta, acheta de nouveaux outils, fit fabriquer des *caractères*, des *presses*, et se mit à imprimer des livres en grand nombre. De leur côté, Faust et Scheffer continuèrent aussi de travailler, en sorte qu'il y eut à Mayence deux imprimeries au lieu d'une. Quelques années après, un grand malheur survint : la guerre! La ville de Mayence fut prise et ravagée, les deux ateliers détruits. Les ouvriers de Gutenberg et ceux qui travaillaient avec lui et connaissaient son art, les *enfants de Gutenberg*, comme on les appela, s'enfuirent; ils allèrent dans d'autres villes, où ils fondèrent de nouvelles imprimeries. Plus tard Faust et Scheffer reconstruisirent la leur. Enfin, l'archevêque de Mayence, voulant honorer et récompenser le courageux inventeur pour tant d'utiles et glorieux travaux, lui fit une modeste pension. Gutenberg vécut quelques années encore, puis mourut, non pas riche, mais tranquille du moins et à l'abri de la misère.

Vous trouvez cette histoire bien simple, bien sérieuse, assez triste même. Ah! mon enfant, les hommes de science et de travail, les inventeurs ont rarement une histoire gaie et des aventures divertissantes…Leur vie est sérieuse comme leurs pensées. Ils ont de la peine, des fatigues, des difficultés toujours; du bonheur, rarement! Et tous ceux qui profitent de leurs idées et de leurs travaux devraient avoir pour eux plus de reconnaissance! On se souvient d'eux, on les admire, on les célèbre… quand ils sont morts. « Ah! dit-on alors, c'étaient de grands génies! Ils ont rendu de grands services. Et sans eux, que serions-nous? » On dit cela, et ils ne sont plus là; et il n'est plus temps de leur rendre justice.

Sur la place du Marché-aux-Herbes, à Strasbourg, une statue a été élevée à Gutenberg. Le *premier des imprimeurs* est représenté debout, comme il convient à un homme de travail. Le voyez-vous, enveloppé dans **son grand manteau**, avec sa longue barbe touffue et **son air grave**? Il tient dans ses mains une feuille de papier où sont imprimés ces mots : « Et la lumière fut. » C'est une des premières phrases de la Bible, le premier grand ouvrage imprimé par lui; et en même temps c'est une allégorie. « La *lumière* », ici, c'est celle qui éclaire les intelligences, c'est l'*instruction*, qui se répand, qui *rayonne* par le moyen du livre. L'ignorance, c'est une nuit.

Figurez-vous un homme qui dort d'un sommeil agité. Il rêve. Dans son rêve, il a tout oublié : le pays où il est, les choses, les personnes qui l'entourent, tout ce qui fait sa vie. Ce qu'il a fait, ce qu'il a pensé étant éveillé, ce qu'il est lui-même, il ne le sait plus. Il rêve qu'il erre dans des lieux obscurs, par des passages étroits, bas, comme sous la terre; il a peur de je ne sais quelles figures qu'il croit voir dans l'ombre. Et voilà que tout à coup il se réveille : le jour est déjà grand, le soleil brille, l'air est pur. Il revoit autour de lui les objets familiers qui lui sourient, il reconnaît les lieux, les personnes; il se rappelle qui il est, ce qu'il a fait, ce qu'il a pensé, ce qu'il aime. Il se retrouve lui-même, il lui semble *renaître*. Il dit : « Ah ! j'ai fait un mauvais rêve ! »

Eh bien, rappelez-vous votre histoire. Pendant mille ans le monde avait été comme cet homme endormi, qui ne se

STATUE DE GUTENBERG A STRASBOURG.

souvient plus de ce qu'il était la veille. Tout ce qu'on avait su autrefois était oublié. Tout ce que les anciens avaient fait, dit, écrit, ce qu'ils avaient découvert, ce qu'ils avaient pensé, était perdu. On ne savait plus rien, ni de la nature, ni de l'histoire. On avait des idées tristes, comme il en vient dans la nuit, des frayeurs : on croyait que le monde allait finir... On n'osait pas vivre. — Est-ce que cela va durer toujours?

Ce fut une grande chose quand on comprit enfin qu'on était malheureux par ignorance. On voulut apprendre. Mais les livres manquaient .. Alors survient la grande invention de Gutenberg, la découverte merveilleuse, l'imprimerie. Par elle seule, tout va changer! Des livres, on en fera par milliers, bientôt par millions. Tout le monde pourra donc lire, tout le monde pourra s'instruire! Et voilà qu'on retrouve les ouvrages des hommes savants de l'antiquité, des Grecs, des Romains; on va les chercher dans les coins poudreux des vieilles bibliothèques, où personne ne les lisait; on les tire de la poussière, on les imprime, on les répand. Tous veulent les lire, tous les admirent et les étudient. On rapprend tant de choses oubliées, qui paraissent nouvelles! Des idées qu'on ne connaissait plus reviennent, et il semble qu'on se ressouvient. — Ah! les temps noirs sont passés. Le moyen âge est fini. —On se réveillait de l'ignorance comme d'un mauvais rêve. Et les hommes d'alors étaient tellement ravis de la science antique retrouvée, qu'ils appelèrent ce réveil une *renaissance*.

Comme vous le pensez bien, ce grand changement ne se fit pas en un jour, ni même en un siècle. Il a commencé par l'invention de l'imprimerie; il se continue lentement, lentement. Il n'est pas encore achevé, puisqu'il y a encore parmi nous des ignorants. Ah! ce n'est pas une chose facile, allez, que de combattre, de vaincre l'ignorance! L'ignorance se défend. Il y a toujours eu, il y a encore des gens qui ne veulent pas apprendre, et d'autres qui ne veulent pas qu'on apprenne.

En vous racontant brièvement l'histoire de Gutenberg et la découverte de l'imprimerie, je ne me suis pas arrêté à vous décrire les procédés imaginés par les inventeurs, leurs outils, leurs presses, leurs moules, leurs *caractères*. La raison en est que dans la seconde partie de ce livre je dois vous expliquer avec beaucoup de détail tout ce qui tient à l'art de l'imprimerie tel qu'on le pratique maintenant. Or les moyens, les instruments du travail ont très peu changé depuis les premiers temps de l'imprimerie ; ils sont encore aujourd'hui à peu près les mêmes que ceux dont se servaient Gutenberg, ses associés et ses premiers élèves ; et s'il y a quelques différences, j'aurai soin de vous en avertir. Ces inventeurs avaient été si habiles, qu'il n'y a eu presque rien à changer aux procédés imaginés par eux.

Et maintenant c'est de leurs produits que je veux vous parler, des premiers livres imprimés. — Chose bien naturelle, l'idée des inventeurs avait été d'imiter le plus exactement possible les livres manuscrits, les seuls connus jusqu'alors. Ainsi tout d'abord ils employèrent des caractères semblables de forme aux lettres de l'écriture tracée à la plume ; ils imitèrent même certaines liaisons de lettres, certaines abréviations en usage dans les copies. Vous savez que les copistes étaient dans l'habitude d'écrire à l'encre de couleur, à l'encre rouge le plus souvent, certains mots du texte : les imprimeurs imitèrent cela aussi ; dans leurs livres ils mirent des mots, des lignes imprimés en couleur rouge, des *rubriques*. C'était un double travail ; cela nécessitait des opérations délicates, difficiles, lentes... n'importe ! ils le firent. Et même ils firent plus. Les *enlumineurs* couvraient les manuscrits de grandes lettres initiales peintes, dorées, entourées de fleurons et de feuillages. Nos imprimeurs n'en pouvant faire autant avec leurs outils, s'y prirent autrement : ils laissaient la place de la lettre en blanc; puis ils faisaient peindre à la main, à la façon ordinaire, par des *rubricateurs* et *enlumineurs* les initiales ornées, les titres de chapitres. De la sorte le livre imprimé ressemblait si parfaitement à un manuscrit, qu'il était bien difficile d'apercevoir une différence, surtout quand on n'était pas averti. Aussi Jean Faust, — qui était un malin, comme vous le savez, — craignant par-dessus tout qu'on ne découvrît le *secret*, imagina de les faire passer pour des manuscrits véritables. Il vint à Paris (en 1466), apportant bon nombre d'exemplaires de sa grande Bible imprimée par Gutenberg et lui à Mayence, et qu'il vendit pour autant de copies faites à la main. Mais il les vendait trop bon marché... et voilà que les copistes de l'université, jaloux, envieux, se mettent à examiner curieusement ces belles Bibles si peu chères, et *si bien copiées*... Ils les trouvaient si régulièrement *écrites*, pas une lettre ne dépassant les autres... ils n'y comprenaient rien. Ce fut bien pis encore quand ils comparèrent plusieurs de ces Bibles. Elles étaient si parfaitement semblables, qu'en voyant deux Bibles l'une près de l'autre on eût cru voir deux fois la même Bible, — et même, si l'une d'elles avait une faute en un certain endroit, toutes les autres avaient au même endroit la même faute!

C'est bien simple; et vous qui savez déjà à peu près comment s'imprime une page, vous comprenez que tous les exemplaires d'une même page sont nécessairement pareils. Mais pour ces copistes qui n'avaient pas la moindre idée du procédé de l'imprimerie, cette ressemblance parfaite parut inexplicable, mystérieuse. « Il y a là, se dirent-ils, quelque chose qui n'est pas naturel. Ce doit être une sorcellerie, une *œuvre du diable !* » — Le diable faisant des Bibles ! N'importe; ils n'y regardaient pas de si près. Bref, ils accusèrent Faust d'être *sorcier*. Faust fut **averti** : il se sauva; il n'était que temps! C'est que dans ce temps-là, voyez-vous, on ne plaisantait pas avec la diablerie. Quelqu'un vous accusait-il d'être sorcier, ou croyait-on voir en vous quelque chose d'extraordinaire, — on commençait par vous prendre, puis on vous torturait, on vous brisait les os jusqu'à ce que vous eussiez avoué que vous étiez *sorcier* en effet, que vous alliez au *sabbat*, à l'assemblée des sorciers, que vous aviez fait un pacte avec le diable. Et alors, quand vous aviez avoué, on vous *ardait*, c'est-à-dire on vous brûlait tout vif en place publique, sur un grand tas de fagots bien flambants. Faust, donc, n'attendit pas son reste; il s'enfuit, et il fit bien ! — Il resta de cette amusante aventure comme un souvenir parmi les gens du peuple, une légende, c'est-à-dire un conte : la légende d'un vieux sorcier, nommé le docteur Faust, duquel il est raconté cent histoires merveilleuses; toujours accompagné d'un grand vilain diable qu'il avait à son service, et qui finit par l'emporter...

Les premiers livres imprimés, qui tous ressemblent plus ou moins aux anciens manuscrits, sont appelés des *incunables;* ils sont devenus aujourd'hui très rares et très précieux. Peu à peu, on perfectionna l'invention. On renonça aux lettres ornées ajoutées à la main; et on imita d'une autre façon les manuscrits, en ornant les pages de *gravures* destinées à rappeler les dessins enluminés d'autrefois. Voici reproduite ici une page d'un de ces vieux livres, imprimés sur *vélin*, c'est-à-dire sur un beau parchemin, avec un encadrement de gravures curieuses. Les dessins qui l'entourent sont imprimés par le procédé de *xylographie* que je vous ai expliqué précédemment, mais beaucoup plus délicats et mieux soignés que les anciennes *images de Haarlem*. De plus, la grande lettre initiale E, qui commence le texte, est, dans le livre, peinte et dorée, suivant l'usage dont nous parlions tout à l'heure; mais bientôt on renonça à ces ornements ajoutés à la plume et au pinceau. En comparant les lignes

Gressus est dñs iesus cum discipulis suis trans torrentē cedron
Vbi erat ortus : in quem itroiuit
ipse z discipuli eius. Sciebat an-
tem et iudas qui tradebat eum locum: qa fre-
quenter iesus conuenerat illuc cum discipulis
suis. Iudas ergo cum accepisset cohortem a

écrites à la main du livre de Joinville, dans le dessin de la page 84, vous reconnaîtrez par vous-même combien l'imprimé ressemble au manuscrit. — De ces *incunables*, les uns, comme celui-ci, imitaient l'écriture manuscrite anguleuse appelée gothique ; d'autres étaient imprimés avec des lettres de forme arrondie, comme celle de l'écriture dite romaine, se rapprochant davantage de celle que nous employons aujourd'hui.

IMPRIMEURS CÉLÈBRES.

Il nous faut encore dire un mot de quelques imprimeurs célèbres, qui ont répandu et perfectionné leur art.

Parmi ces *enfants de Gutenberg*, on cite surtout Ulrich Zell, qui alla s'établir à Cologne ; Janson, qui imprima à Venise. Puis voici un homme illustre, Alde l'Ancien, qui, lui aussi, vint s'établir en Italie (1490). Là, il imagina ces caractères penchés et se rapprochant un peu de notre écriture manuscrite, que nous appelons l'*italique*, pour cette raison qu'elle fut d'abord employée en Italie. Alde imprima non plus seulement de gros volumes, mais surtout de petits livres, en caractères très fins, très déliés et d'une netteté parfaite : de vraies merveilles d'habileté pour ce temps-là. Ses enfants et ses petits-enfants continuèrent ses beaux travaux. Mais déjà, depuis 1470, *Ulrich Géring* — rappelez-vous ce nom — était venu fonder à Paris la première imprimerie française.

C'était au temps du roi Louis XI : un méchant roi, mais un homme intelligent. Il voyait quel honneur et quels avantages les villes d'Allemagne retiraient de la nouvelle invention ; il n'entendait pas en laisser toute la gloire et tout le profit à l'étranger, il voulait que Paris eût aussi son imprimerie. Il permit qu'on fît venir de Mayence cet Ulrich Géring, habile homme, lequel amena avec lui deux compagnons,

Crantz et Friburger. Tous trois furent très bien reçus, comblés de faveurs; on installa leur atelier dans les bâtiments mêmes de la célèbre école de la Sorbonne, au beau milieu des docteurs de l'université, chez eux... D'autres imprimeurs vinrent un peu plus tard, et s'établirent aux environs, dans le quartier de l'Université. Quelques années seulement après, il y avait déjà à Paris plusieurs imprimeries; il y en avait dans toutes les grandes villes de France, sans parler de celles qui existaient à l'étranger, en Allemagne, en Italie, en Hollande.

Rendons maintenant visite à quelqu'un de nos intelligents et courageux imprimeurs du xvi⁰ siècle, dans son atelier. — Ici, tout est paix et travail. La maison n'est point située en un quartier bruyant, sur une rue commerçante, mais en un endroit retiré et tranquille. Comme les rues de ce temps sont étroites, entre de hautes maisons, les étages inférieurs sont obscurs; c'est pourquoi l'atelier est de préférence situé à un étage élevé, sous les toits, pour avoir de l'air et du jour. L'atelier est un peu nu : sur les murs blanchis sont écrites des devises en latin, suivant la coutume. Peu de machines ici; quelques presses *de bois*, fort simples; sur les pupitres, de larges boîtes à compartiments pour mettre les caractères; des tables où sont étalées les feuilles imprimées, des *rouleaux* pour mettre de l'encre aux caractères, — et c'est tout. Les ouvriers sont peu nombreux, mais habiles et actifs; les uns *composent*, c'est-à-dire assemblent les petites lettres mobiles pour former des pages, comme je vous l'expliquerai plus tard; d'autres manœuvrent les presses et font le *tirage*, impriment les pages composées sur des feuilles de *vélin* (parchemin) ou de fort et rude papier. L'imprimeur en chef doit diriger tout, veiller à tout par lui-même.

Or il avait beaucoup à faire ! Son paisible atelier était le rendez-vous des gens lettrés, des auteurs, des savants, qui ne craignaient point de grimper l'escalier raide pour venir causer de science, s'informer des livres que l'on imprimait, de ceux qui avaient déjà paru. L'imprimeur leur montrait ses travaux commencés, ses caractères, ses outils. Et lui-même devait être un homme fort instruit, connaissant les livres anciens et nouveaux, les langues anciennes. L'imprimerie était pour ainsi dire la maison de la science. Un de nos plus illustres imprimeurs français, Henry Estienne était très savant pour son temps; son fils, Robert Estienne (1522), l'était encore davantage. Chez lui, tout le monde parlait latin : sa femme, ses enfants, ses ouvriers — et jusqu'à sa servante! Ses fils, ses petits-fils furent aussi des hommes habiles; c'était une famille de savants, tous imprimeurs de père en fils, comme les *Alde* d'Italie, dont je vous ai parlé.

Il y eut aussi en Hollande un grand nombre d'imprimeurs célèbres. Le plus illustre de tous se nommait *Elzévir;* il s'établit dans la ville de Leyde, puis à Amsterdam. Il imprima de préférence de tout petits volumes, en caractères très fins, qui sont des chefs-d'œuvre, et qu'on appela, de son nom, des *elzévirs.*— Les gros *in-folio* d'autrefois étaient fort embarrassants, tenaient grande place et se faisaient voir; or nos petits *elzévirs,* tout au contraire, étaient commodes à porter, faciles aussi à cacher dans la poche. On avait beau les défendre, un très grand nombre étaient apportés en France et circulaient partout, en secret, malgré les gens du roi et les gens de l'Université.

Et maintenant, si vous voulez avoir une idée de l'aspect des livres imprimés au XVI° et au XVII° siècle, jetons ensemble un coup d'œil sur ces lignes, qui sont la reproduction exacte d'un passage d'un livre très célèbre appelé la *Bible de Royaumont,* imprimée en 1655, c'est-à-dire au commencement du règne de Louis XIV.

SAVANTS FAISANT VISITE A UN IMPRIMEUR, AU XVIe SIÈCLE.

> Salomon auoit vn throne d'yuoire garny de Lyons fur chacun degré d'iceluy, & les vaiſſeaux où il beuuoit eſtoient d'or très pur.
>
> Ainſi Salomon furpaſſoit en gloire & magnificence tous les Roys de la terre.

Ce sont bien des lettres romaines, à peu près semblables à celles de nos livres d'aujourd'hui; il y a quelques différences pourtant. Ainsi vous remarquerez tout d'abord que les *v* et les *u* sont employés les uns pour les autres; il y a des *y* dans les mots où nous mettrions aujourd'hui des *i* : dans le mot *yuoire*, par exemple (ivoire); des *o* là où nous mettrions des *u*, comme dans les mots *auoit*, *estoient*, *beuuoit* (avait, étaient, buvait) : c'était l'orthographe de ce temps-là. Puis vous observerez la forme des *s*, qui ressemblent à des *f*, excepté que la petite barre du milieu n'est que d'un côté, et ne traverse pas la lettre; vous verrez que l's et le *t* sont *liés* ensemble par le haut, dans le mot *estoient*, et aussi les deux *s* du mot *surpassoit*. Enfin vous remarquerez le petit signe en lignes contournées &, qui est l'abréviation du mot *et*. — Il y a encore beaucoup de ces mêmes livres, reliés en *peau de veau* brune, avec cette orthographe d'autrefois, les *v* pour les *u*, les *s* en forme d'*f*; c'est pourquoi j'ai voulu vous faire connaître cette forme de caractères, afin que vous puissiez lire sans peine ces livres vénérables de nos grands-pères, conservés avec soin dans les familles comme des souvenirs du temps passé.

DEUXIÈME PARTIE

LE LIVRE AUJOURD'HUI

CHAPITRE PREMIER

LE PAPIER

FABRICATION DU PAPIER A LA FORME

Nous ne sommes plus au temps où les livres se copiaient avec le roseau ou la plume, sur des bandes de papyrus ou de parchemin ; nous ne sommes plus au temps où les premiers imprimeurs cherchaient, inventaient, amélioraient peu à peu leurs ingénieux procédés. Nous sommes au XIX⁰ siècle, vous savez ! Il nous faut des livres par centaines de mille et par millions ! Il nous les faut commodes, faciles à lire ; il nous les faut à bon marché surtout : nous avons pour cela les moyens perfectionnés, des machines merveilleuses. Eh bien, n'êtes-vous pas curieux de savoir *comment on fait un livre* aujourd'hui ? Vous plairait-il d'entendre raconter l'HISTOIRE D'UN LIVRE de notre époque, à partir du moment où la première lettre est tracée par l'auteur sur son *manuscrit*, jusqu'au moment où le lecteur ouvre le volume ? C'est toute une histoire, en effet. — Mais quoi, pour faire un livre, il faut du *papier* ; pour l'imprimer, il faut des *caractères*. Avant d'étudier le *travail* du livre, examinons un peu la *matière*, les *outils*. Avant de nous demander comment on fait un livre, sachons comment on fait une feuille de papier.

Jetez un coup d'œil sur un chapeau de feutre noir ou tout autre objet également de feutre. Ceci n'est pas un tissu : point de fils tordus, point d'entrelacement régulier comme dans une étoffe. Des poils laineux, flexibles, frisés, ont été entremêlés, foulés et comme pétris ensemble. Fortement comprimés, ils s'entre-croisent au hasard, s'accrochent les uns aux autres et se tiennent assez fermement unis. Eh bien, une feuille de ce beau papier blanc et lisse — que vous négligez, ingrats, que vous salissez sans motif et déchirez sans regret, tandis que nos ancêtres l'eussent considérée avec admiration et ménagée comme une chose précieuse ! — cette feuille, dis-je, est tout à fait comparable à du feutre. Si vous regardiez la surface avec une *loupe* ou verre grossissant, vous y distingueriez alors des milliers de petites fibres, blanches, minces, tortillées, dont les fibres de la *ouate* blanche vous donneront très bien l'idée ; mais ces fibres excessivement déliées, foulées, *feutrées* enfin, se tiennent en masse avec une certaine résistance. — En examinant simplement un morceau de carton très grossier, vous aurez aussi une idée juste de la structure du papier ; dans ce gros carton votre œil distinguera parfaitement les fibres entre-croisées. Or le papier diffère du carton seulement en ce qu'il est plus fin, plus blanc et plus mince ; que ses fibres, plus menues, ne se discernent pas à la simple vue. Les fibres du papier et du carton ne sont pas des *poils* d'animaux, comme ceux dont se fait le feutre ; ce sont des *fibres végétales*, comme celles du coton, comme celles du lin, du chanvre, dont sont fabriqués les fils, les ficelles, les cordes, le linge. Beaucoup de végétaux contiennent et peuvent fournir des fibres capables de servir à faire du papier ; il s'agit de *désagréger* ces fibres, c'est-à-dire de les séparer ; puis de les blanchir, de les broyer ensemble, de les feutrer, de les comprimer. — Mais pourquoi ne pas prendre des fibres toutes séparées déjà, fines et blanches, de la ouate de coton, par

exemple? — On peut le faire; on l'a fait : et c'est même avec
du coton, avons-nous dit, qu'a été fabriqué le *premier papier*
qui ait été connu chez nous. Mais ce papier était peu solide,
surtout il coûtait cher. Or il vint à l'idée de je ne sais quel inventeur — l'histoire n'a pas conservé son nom — de prendre,
pour fabriquer le papier, des *fibres végétales* déjà plus ou
moins *désagrégées* et assouplies, déjà plus ou moins blanchies, des fibres *ayant déjà servi* sous une autre forme, sous
forme de fils, de tissus. En un mot il imagina de faire du papier avec des *chiffons*. — Oui, ce chiffon, cette loque déchirée
et poudreuse qu'on a dédaigneusement jetée, que le chiffonnier ramasse, le soir, au coin de la borne, sur le tas d'or-
dures, et cette belle et fine feuille blanche sur laquelle vous
écrivez, cette page blanche de mon livre, que vous avez sous
les yeux, c'est la même matière... Mais combien trans-
formée, transfigurée par le travail !

Le papier de chiffons est connu chez nous depuis le
XIe siècle au moins; au XIIIe et au XIVe, il y avait en France
des fabriques de papier. Mais c'est seulement depuis l'inven-
tion de l'imprimerie qu'il est devenu très commun; et maintenant il se fabrique en quantité immense, au moyen de machines extrêmement ingénieuses : si bien que les chiffons ne
suffisent plus à la fabrication. Il a fallu chercher d'autres
matières. Mais le papier de chiffons est toujours de beaucoup
le plus beau et le meilleur; voyons comment il se fabrique.

Une fabrique de papier est aujourd'hui une vaste usine,
contenant un grand nombre d'ateliers où se font des travaux nombreux et variés. — Les chiffons achetés au chiffonnier
et déjà un peu nettoyés ont été portés à la *manufacture*. Là
on commence par les trier, en écartant d'abord les tissus de
laine ou de soie; car ceux de lin, de chanvre ou de coton, en
un mot ceux qui sont formés de matières végétales, sont seuls
propres à faire du papier. Des ouvrières coupent les chiffons
par petits morceaux, puis mettent à part dans un coffre à

compartiments, selon leur qualité, les chiffons gros ou fins, blancs, de couleur claire ou de couleur foncée : ils serviront à fabriquer des papiers de qualité différente. On les bat et on les secoue pour en ôter la poussière ; puis ils sont *lavés* à l'eau dans une grande cuve. Ce lavage ne suffirait pas ; ils doivent être *lessivés*. — Le *lessivage* se faisait autrefois, comme le lavage, dans une vaste cuve où les chiffons, plongés dans la lessive, étaient remués avec des pelles de bois. Aujourd'hui on se sert d'un appareil nommé *lessiveur*.

Le lessiveur est un vaste réservoir de tôle de fer, en forme de sphère ou de cylindre, et que nous comparerons, si vous voulez, à un gros tonneau qui serait embroché d'un gros essieu de fer, de manière à pouvoir tourner comme une roue. Cet essieu ou *axe* est creux, en façon de tuyau ; et il communique avec l'intérieur du réservoir. La *bonde* de l'énorme tonneau, pour continuer notre comparaison, est un large couvercle de fer, fixé sur une ouverture arrondie. Par cette ouverture, le couvercle étant ôté, on charge environ 1000 kilogrammes de chiffons. Puis, par le moyen d'un long tuyau aboutissant à l'*axe creux*, en ouvrant un robinet on fait entrer la lessive. Cette lessive, c'est de l'eau dans laquelle on a délayé une certaine quantité de *chaux* et fait dissoudre, en proportion convenable, de la *soude* : ces deux substances ayant la propriété de détruire les graisses, d'enlever les saletés — de nettoyer, en un mot. Le trou fermé, le couvercle solidement vissé, l'opération commence. On fait entrer, toujours à travers l'axe creux, au moyen d'un autre tuyau, en ouvrant un autre robinet, de la *vapeur*, qui arrive toute brûlante d'une grosse chaudière. En s'élançant dans l'intérieur du réservoir, elle remue, elle échauffe la lessive, qui arrive bientôt à un degré de chaleur plus élevé que celui de l'eau bouillante. En même temps, par le moyen d'une machine et d'engrenages, on fait tourner très lentement le lessiveur. Au bout de trois heures le lessivage est terminé. On fait écouler la lessive par un tuyau, et on la remplace par de l'eau pure, pour *rincer* les chiffons, comme on rince le linge sortant de la lessive. Alors, ouvrant le grand trou, et faisant incliner doucement l'appareil, on fait tomber les chiffons dans une

LESSIVEUR TOURNANT POUR NETTOYER LES CHIFFONS.
Les chiffons rincés sont versés dans la cuve.

vaste cuve de bois placée au-dessous. Si un seul lessivage ne suffit pas, on recommence l'opération.

Les chiffons lessivés, il s'agit de les *défiler*, de les broyer en quelque sorte pour les réduire en pâte. Cela se faisait autrefois à l'aide de pilons qui battaient les chiffons dans des mortiers. On se sert maintenant d'une machine appelée *pile défileuse*. Imaginez une vaste cuve où les chiffons sont versés et flottent dans une grande quantité d'eau. Un *cylindre*, armé de lames d'acier et tournant avec rapidité, est à demi plongé dans l'eau de la cuve ; ces lames en mouvement viennent passer très près d'autres lames fixes, tenant au fond de la cuve, élevé en cet endroit en forme de plan incliné. En tournant, le cylindre produit dans la cuve une sorte de remous qui fait tournoyer lentement l'eau et les chiffons, et amène ceux-ci sous le cylindre même. Là, au passage, ils sont saisis par les lames d'acier du cylindre, et contraints de traverser l'étroit espace qui reste entre ces lames et les lames fixes. Ces lames qui se joignent presque font un effet qu'on peut comparer à celui des deux lames d'une paire de ciseaux qui se ferment, glissent l'une sur l'autre et coupent l'étoffe. La différence, c'est que dans la machine les chiffons ne sont pas tranchés nettement, au contraire : les fils sont arrachés, déchirés, froissés et quelque peu broyés. Un courant d'eau pure arrive continuellement dans l'appareil, et le *trop-plein* de l'eau s'écoule par une sorte de grille ingénieusement disposée, qui laisse passer l'eau et retient les fibres broyées. Au bout de trois heures environ les chiffons sont déjà suffisamment broyés pour former avec l'eau une sorte de pâte. Si on employait cette pâte encore incomplètement triturée, on pourrait faire de grossier carton gris, non pas de beau papier fin et blanc. — La première chose à faire, à ce moment, est de *blanchir* cette pâte, qui est d'un gris sale produit par le mélange des chiffons de toute couleur.

Or il y a une substance, une espèce de *sel* qui a la propriété curieuse de détruire la couleur de toutes sortes de teintures, et de rendre blancs les tissus, les fils, les fibres — la pâte aussi, par conséquent : cette matière est appelée *hypochlorite de soude*, ou, par abréviation, *chlorure*. Cette substance, étant dissoute dans l'eau, forme une sorte de lessive *décolorante*. La pâte grise est mélangée à cette lessive dans une *pile* qu'on

nomme *pile blanchisseuse*, semblable à peu près à celle que
nous venons de décrire, mais dont les lames sont en *bronze*,
non pas en acier, parce que le *chlorure* rongerait rapidement et détruirait l'acier. Au bout de quelque temps la pâte
est devenue blanche; et en outre elle est plus finement broyée.
On fait alors arriver de l'eau pure en abondance, tandis que
le cylindre continue de tourner; car il faut *laver* la pâte
et entraîner, par le courant d'eau, l'excédent de chlorure qui

PILE DÉFILEUSE, VUE DE FACE.

L'enveloppe qui recouvre le cylindre est supposée arrachée en partie pour faire voir au dedans
le cylindre garni de ses lames. — R, robinet versant de l'eau pure.

nuirait au papier s'il agissait trop longtemps. — Il y a un
autre procédé pour blanchir la pâte, mais il est plus compliqué : au fond, c'est le même phénomène. La pâte blanchie
et suffisamment lavée n'est pas encore assez broyée : on la
fait passer dans une autre *pile* nommée *pile raffineuse*, dont
les *lames* sont plus tranchantes et plus serrées. Au bout
d'une couple d'heures la pâte est très finement broyée; elle

semble former de très légers flocons qui flottent dans le liquide.

Pour fabriquer, avec cette pâte, des feuilles de papier, il y a deux procédés : l'ancien et le nouveau. Disons d'abord un mot de l'ancien procédé, qui est le plus simple. — La pâte, mêlée à la quantité d'eau convenable, est versée dans une vaste cuve. L'ouvrier, ou, comme on dit pour le désigner, l'*ouvreur*, prend en main une sorte de *tamis* en façon de cadre rectangulaire, qu'on nomme une *forme*. Imaginez, dis-je, un cadre peu épais ; dessous, une sorte de toile métallique, ou plutôt un treillis très serré de fils de cuivre fins, bien tendus. — L'ouvreur puise, avec cette *forme*, une certaine quantité de pâte ; par une légère secousse, il l'étale bien également. Il enlève sa forme de la cuve : l'eau s'écoule à travers les fils comme à travers un crible ; la pâte reste, formant sur le fond de la forme une couche mince. Pour être plus sûr d'enlever à chaque fois la même quantité de pâte, tandis que la forme est plongée dans le liquide, il la recouvre d'une sorte de couvercle qu'on nomme *frisquette*, et qui empêche la forme de se charger d'une trop grande quantité de matière. La forme étant ôtée du liquide, l'ouvreur en enlève le couvercle, et la met à égoutter un instant sur une rigole inclinée, près du bord de la cuve. Puis il prend une autre forme vide et recommence la même manœuvre. Un second ouvrier, appelé *coucheur*, saisit la forme pleine, la recouvre d'un large morceau de feutre blanc ; puis il renverse la forme en retournant adroitement le tout ensemble : la couche de pâte déposée, encore extrêmement molle, se détache du fond de la forme et tombe sur le feutre, où elle reste étalée. Il prend une autre forme, renverse la feuille de pâte qu'elle contient sur un autre feutre ; et ainsi de suite. Les feutres, avec la feuille de pâte déposée sur chacun, sont empilés à mesure ; quand cette *pile* de feutres est assez élevée, le tout est fortement serré sous une *presse* tout à fait semblable à un simple pressoir. L'eau s'écoule, les feuilles de pâte, comprimées, amincies, prennent déjà un peu de consistance : on peut les enlever, les détacher du feutre en prenant quelque précaution. Ce sont déjà des *feuilles de papier*, mais humides et fragiles. L'ouvrier les enlève donc, les superpose avec adresse, en forme une nouvelle *pile*, mais sans feutres interposés cette fois; puis il les presse de nouveau et fortement, ce qui les rend plus fermes et plus lisses.

Le papier fabriqué ainsi serait du papier *buvard*, c'est-à-

FABRICATION DU PAPIER A LA FORME.

L'ouvrier vient de puiser de la pâte; il secoue sa forme avant de la poser sur la rigole inclinée, au bord de la cuve. — Le coucheur étend une étoffe de feutre. — A droite sont les feutres, et des feuilles de papier achevées, empilées.

dire dans lequel l'encre ordinaire s'imbiberait en s'étalant et en formant des taches. Lors donc que le papier est destiné à recevoir l'écriture, il doit être *collé*, imbibé d'une faible quantité de *colle de pâte* ou de *colle de peau (gélatine)* semblable à la colle forte de menuisier, mais plus blanche et plus fine. Cette colle unit les fibres du papier, le rend plus solide; en même temps elle bouche les *pores*, les espaces excessivement petits qui existaient entre les fibres enchevêtrées; elle empêche l'encre de se glisser dans ces pores et de s'étaler. L'ouvrier trempe donc les feuilles encore humides dans de la colle très claire; il les fait égoutter, puis les presse une fois de plus. Enfin on fait sécher, en étendant les feuilles à l'air sur des cordes tendues. Le papier ainsi préparé ne *boira* plus l'encre. Mais quand le papier est destiné à faire des livres, à être imprimé, cette dernière opération est inutile; l'*encre d'imprimerie* ne s'étale pas. La plupart des livres sont imprimés sur du papier *sans colle*, et qui *boit*, comme vous en avez fait l'expérience, lorsqu'il vous est arrivé de laisser tomber maladroitement une goutte d'encre sur un de vos livres de classe.

FABRICATION DU PAPIER A LA MACHINE

Le procédé que nous venons de décrire était seul connu autrefois; on l'emploie encore pour certains papiers qui doivent être très forts et très durables. Le papier ainsi fabriqué est appelé *papier à la forme* ou encore *à la feuille*, parce que chaque feuille est faite séparément. Mais aujourd'hui tous les papiers dont on fait les cahiers et les livres sont fabriqués à l'aide d'une machine produisant, non pas des feuilles séparées, mais une large bande continue, qui s'allonge indéfiniment, et se roule en gros rouleaux semblables aux rouleaux des *papiers de tenture* dont on tapisse nos appartements.

Si vous avez suivi avec attention la description précédente, vous comprendrez facilement le principe et la disposition générale de la *machine à papier*. Cette machine est très grande; elle remplit toute une vaste salle. Ce qui frappe vos yeux, si vous entrez dans la salle, c'est l'assemblage confus d'une multitude de cylindres, de rouleaux, les uns très gros, les autres plus menus; tous tournent à la fois, et entre eux passent, circulent de la façon la plus compliquée de larges bandes d'étoffes, et aussi la bande de papier fabriquée. — Tâchons de débrouiller un peu cette confusion apparente.

Imaginez une toile métallique *sans fin* horizontale, tendue entre deux rouleaux. Sachez d'abord qu'on appelle toile sans fin, ruban, corde sans fin, une bande de toile, un ruban, une corde dont les deux bouts sont rattachés ; en sorte que cette bande, ce ruban ou cette corde peut circuler entre deux rouleaux ou deux poulies, toujours dans le même sens, allant, par exemple, en dessus, revenant par-dessous : telle la corde d'un rouet que l'on tourne circule entre la roue et la bobine. Imaginez donc cette toile sans fin, composée de fils de cuivre très déliés, circulant entre deux rouleaux assez éloignés l'un de l'autre, avançant en dessus, revenant en dessous. Pour que cette toile chargée ne fléchisse pas, par son poids, entre les deux rouleaux, on la soutient sur une rangée de petits rouleaux sur lesquels elle glisse. La surface supérieure de cette toile, ainsi parfaitement droite et horizontale, forme ce qu'on appelle la *table* de la machine ; elle représente exactement la toile qui fait le fond de la *forme* dans la fabrication du papier à la main ; elle remplit la même fonction. A l'une des extrémités de la machine est une large cuve remplie de pâte bien fine, bien mélangée. La pâte arrive continuellement dans cette cuve par un tuyau ; et, continuellement aussi, elle déborde par-dessus un bord replié en forme de lèvre, comme un étang par le déversoir. Cette pâte, à mesure qu'elle déborde ainsi, tombe sur la *toile sans fin* qui passe au-dessous du déversoir ; elle s'y étale bien également dans toute la largeur de la table. Et comme la toile avance continuellement, la pâte versée se trouve former à sa surface une couche égale. L'eau de la pâte coule à travers la toile, comme à travers un tamis ; les fibres, retenues sur la toile, se tassent ; un petit mouvement de secousse en travers donné par la machine à cette toile, aide à faire écouler l'eau. Vous voyez que l'ingénieux mécanisme imite, le mieux possible, le travail manuel de l'ouvrier fabriquant le papier à la feuille. — La couche de pâte suit la toile, s'égouttant toujours. Or, avant de se replier pour revenir en dessous, la toile sans fin passe entre deux rouleaux garnis de feutre, tournant en sens contraire, assez fortement serrés l'un contre l'autre. La couche de pâte, entraînée avec la toile, passe aussi entre ces rouleaux ; elle est pressée. La plus grande partie de l'eau qu'elle contenait encore est *exprimée* par la pression ; en ressortant de l'autre côté du rouleau, elle forme déjà une *feuille de papier*, très humide, il est vrai, extrêmement fragile. Il s'agit maintenant, comme dans le cas de fabrication à la feuille, de la comprimer fortement pour lui donner plus de consistance, puis de la sécher.

Pour cela, à mesure que la feuille avance, sortant de dessous le cylindre, au lieu de continuer de suivre le mouvement de la toile métallique qui, se repliant en dessous, revient vers l'autre rouleau, elle se sépare de la toile, et se pose, à mesure, sur une large *bande sans fin* de feutre, qui circule, elle aussi, dans le même sens et avec la même vitesse, entre d'autres rouleaux convenablement placés. Étalée sur ce feutre et avançant avec lui, la feuille molle est amenée entre deux nouveaux cylindres très serrés l'un contre l'autre. Obligée de passer avec le feutre lui-même entre ces cylindres, elle est fortement comprimée, ce qui lui donne une consistance assez ferme. La feuille de papier est faite; il faut la sécher. Au sortir des *cylindres presseurs* la feuille, quittant sa bande de feutre, passe sur un autre feutre sans fin, qui la *conduit* de même. Suivant ce nouveau feutre qui la porte et la soutient, la feuille vient s'appliquer, sans forte pression, contre un gros cylindre tournant, chauffé par de la vapeur d'eau bouillante, qui de la chaudière arrive dans l'intérieur du *cylindre sécheur* en suivant de longs tuyaux. La feuille appliquée contre la surface chaude du cylindre commence à se sécher. Mais, pour que ce séchage soit suffisant, il faut qu'elle passe de la même façon, toujours conduite par le feutre, autour de plusieurs cylindres sécheurs semblables. — Enfin, le papier étant suffisamment séché, on le fait passer, seul cette

MACHINE A PAPIER.

Machine à fabriquer le papier en bande continue. — A droite la cuve pleine de pâte, dont on ne voit qu'une partie, puis la table avec les petits rouleaux qui la supportent; au bout de la table les deux cylindres qui pressent la feuille de papier. Un peu plus loin, cylindre-calandre, pressant de nouveau la bande de papier qui passe entre eux. A droite, cylindres sécheurs sur lesquels passe la bande de papier, conduite par les bandes en feutre sans fin. Au bout de la machine sont les cylindres sur lesquels on enroule la bande de papier, à mesure qu'elle est formée et séchée.

fois, sans feutre, entre deux cylindres parfaitement polis et fortement serrés, qui comprimant le papier sec, l'écrasant, pour ainsi dire, rendent sa surface lisse et douce : cette machine se nomme la *calandre.*

Si vous avez bien suivi cette description, vous comprenez que la même bande de papier, passant d'un cylindre à l'autre, se forme *continue,* sans interruption ; la machine verse sans cesse, à l'une de ses extrémités, de la pâte à papier, et sans cesse aussi une large bande de papier tout fait et tout sec sort à l'autre extrémité, en se déroulant de dessous la *calandre.* Il ne reste plus qu'à enrouler la bande, à mesure qu'elle sort, avec une sorte de dévidoir, sur lequel elle forme de très gros rouleaux, semblables, vous disais-je, aux rouleaux des papiers peints. Plus tard, déroulant la bande, on la coupera en feuilles de la grandeur que l'on voudra. — Lorsqu'on veut obtenir du papier *collé,* le procédé le plus simple consiste à mêler la colle, en quantité convenable, à la *pâte à papier* elle-même; la feuille formée se trouve par cela même contenir de la colle; elle ne boit plus l'encre, et peut servir pour l'écriture. La colle employée à cet effet est, ou de la gélatine, semblable à celle que l'on emploie pour coller les feuilles fabriquées à la forme, ou une sorte de *savon,* que l'on produit en faisant bouillir de la résine avec une *lessive* très forte, et une certaine quantité d'un *sel* nommé *alun.* Pour éviter la teinte un peu jaune que prend quelquefois le papier, on a l'habitude d'ajouter à la pâte à papier blanc une très faible quantité de couleur bleue, qui donne à sa blancheur un reflet légèrement *azuré.* — Les machines à papier ne sont pas toutes exactement semblables; mais elles ne diffèrent que par les détails.

On peut faire du papier, avons-nous dit, non pas seulement avec des chiffons, mais avec toutes sortes de végétaux *fibreux,* pouvant fournir des *fibres* très fines. On fait aujourd'hui beaucoup de papier avec de la *paille,* du *foin,* des *roseaux*, avec une herbe fibreuse qu'on nomme l'*alfa*, et qui est très commune en Algérie ; avec des écorces filamenteuses, même avec du bois... Toutes ces matières sont d'abord hachées, pilées, écrasées à l'aide de machines convenables, pour commencer à séparer les fibres ; puis on les *broie*, on les blanchit ; on les *met en pâte*, enfin, de même que les chiffons. Mais le papier que l'on fait avec cette pâte est moins fin, moins beau et surtout moins solide que le papier de chiffons.

Le papier fabriqué à la machine est coupé en feuilles. Vingt-cinq de ces feuilles de papier, superposées et pliées ensemble, sont ce qu'on appelle une *main* de papier. Vingt mains de papier réunies forment une *rame*. Une rame contient donc cinq cents feuilles.

Le *carton*, dont on fait la couverture des livres, ne diffère du papier qu'en ce qu'il est plus épais à la fois et plus grossier ; les fibres ont été moins finement broyées, à peine *blanchies ;* la pâte est épaisse et grise. On emploie pour la former de la paille, des roseaux, des chiffons grossiers, de vieilles cordes, enfin toutes sortes de retailles de papiers, de vieux registres, etc. La machine qui sert à fabriquer le carton est toute semblable à la *machine à papier*, plus grande seulement et plus forte ; la couche de pâte versée sur la table de cette machine étant plus épaisse, la feuille formée est plus épaisse aussi. La bande continue de carton est, comme la bande de papier, pressée à son passage entre des *cylindres presseurs*, puis séchée sur de gros *cylindres sécheurs* et enfin découpée en larges feuilles.

CHAPITRE II

LES CARACTÈRES

FORME ET DIMENSIONS DES LETTRES

En vous expliquant d'une façon sommaire et brève la magnifique invention de Gutenberg, je vous ai déjà parlé de ces *caractères mobiles*, de ces petites pièces séparées, de bois au premier temps, puis de métal, qui portent sculptées les lettres de l'alphabet, et doivent marquer sur le papier. Ces caractères mobiles, les imprimeurs les appellent tout simplement des *lettres*; on les nomme aussi, d'un nom plus savant, des *types* : d'où le nom de *typographie* donné à l'art de l'imprimerie, et qui signifie : écriture par le moyen de *types*. Il nous faut maintenant examiner avec un peu plus de détail la forme de ces types et la manière de les fabriquer.

Vous est-il arrivé, en un moment de désœuvrement, de sculpter, avec votre canif, au bout de votre règle, une lettre — la lettre initiale de votre nom, par exemple? — Puis avez-vous noirci d'encre le relief sculpté, et, le pressant sur une feuille de papier blanc, avez-vous tenté d'imprimer cette initiale? — Si vous avez fait ce jeu, qu'il serait bien inutile de répéter, du moins cela vous servira à mieux comprendre comment est faite une *lettre* d'imprimerie, et comment elle laisse sa trace sur la surface blanche. — Mais je soupçonne que votre premier essai vous a coûté un petit désappointement, quand, la lettre sculptée, vous avez voulu la faire marquer sur le papier. La malencontreuse lettre ne voulait pas s'imprimer dans le sens convenable; vous aviez beau la tourner et la retourner, obstinément elle se reproduisait ou à l'*envers*, ou la *tête en bas*... Et alors, pour prix de votre déconvenue, vous sûtes qu'une empreinte est toujours *retournée*, s'imprime toujours *en sens inverse* de la chose qui la forme, la droite venant à la gauche, et réciproquement. D'où il suit ceci : si l'on veut qu'une empreinte se marque dans un certain sens, il faut avoir soin de graver ou de sculpter la lettre, ou le chiffre, ou le dessin, précisément en sens inverse. Il en est de même des *cachets* à cacheter les lettres, qui sont toujours gravés à l'*envers*, comme vous pourrez l'observer, et de toutes espèces de *moules*. Et vous le comprenez sans peine : ce cachet, cette lettre gravée au bout de la règle, vous l'aviez tournée vers vous, lorsque vous la regardiez; si vous voulez l'imprimer, naturellement vous devez *retourner* l'objet, et la droite passe à la gauche. Il y a un cas seulement où ce retournement, qui se fait toujours, ne s'apercevra pas : c'est quand la chose gravée, la lettre par exemple, est *symétrique*, c'est-à-dire absolument semblable des

GRANDE CAPITALE GRAVÉE
A L'ENVERS, ET SON EMPREINTE.

deux côtés, comme le T, l'I, l'O, l'H. — Donc toutes les *lettres* d'imprimerie grandes ou petites sont — et vous savez maintenant pourquoi — gravées à l'*envers*. Ainsi vous voyez représentée ici la lettre R (majuscule), sculptée en relief sur un petit bloc, la *queue* et la boucle dirigées vers la *gauche;* et voici, tout près, figurée l'empreinte retournée que produit ce relief, la lettre R imprimée, ayant sa queue et sa boucle dirigées vers la droite.

Une *lettre* d'imprimerie a, dans son ensemble, la forme d'un *prisme;* c'est comme un petit bout de règle carrée ou plate : l'une des extrémités porte la lettre *gravée* ou plutôt *sculptée;* non pas en creux, mais *en relief*, en *saillie*. Le prisme, le *bout de règle*, se nomme le *corps* de la lettre; le relief sculpté s'appelle l'*œil*. C'est l'*œil*, bien entendu, qui sera noirci d'encre, et pressé contre le papier, pour y faire son empreinte. La *largeur* et l'*épaisseur* du *corps* est plus grande ou plus petite, suivant les dimensions de la lettre qu'il s'agit d'imprimer; mais sa *hauteur*, c'est-à-dire la longueur du prisme, de l'*œil* à l'extrémité opposée qu'on nomme le *pied*, est toujours la même pour toutes les lettres, grandes ou petites : en sorte que si on plante debout sur une table des lettres de toutes sortes, et qu'on les range à la suite les unes des autres, les *œils* de toutes ces lettres seront au même niveau.

La figure ci-jointe vous représente deux lettres, deux majuscules de grande dimension, un T et un I. Le T a plus d'*épaisseur*, l'I est plus mince; mais ces deux lettres ont la même hauteur; et de plus, ce T et cet I étant faits pour aller ensemble, la *force* du

GRANDES CAPITALES.
a, œil de la lettre; — *b*, pied.

corps, c'est-à-dire sa largeur, du haut au bas de la *lettre imprimée*, est la même aussi. Vous voyez plus loin des lettres minuscules; elles sont de même hauteur toujours; mais la *force* du corps est moindre, parce que les lettres sont plus petites; et l'épaisseur moindre aussi, parce qu'elles sont moins larges : elles sont gravées à l'envers, toujours. — Jetez un coup d'œil sur une ligne imprimée; vous voyez des lettres qui dépassent la hauteur des autres, soit en dessus, soit en dessous. C'est pourquoi, dans ces *lettres* gravées que vous représente la figure, vous voyez l'a et l'n dont l'œil occupe seulement le milieu de la largeur de la lettre, laissant au-dessus et au-dessous un espace vide, coupé obliquement, qui forme ce qu'on appelle des *talus*. L'f se prolonge jusqu'au haut, et laisse de l'espace en dessous seulement; la queue du g se prolonge vers le bas, et le talus est au-dessus.

Enfin voici, comme exemple de signe de ponctuation, une virgule, dont le petit relief, en forme de griffe, se dessine vers le bas ; tandis que l'apostrophe, de forme semblable, a sa petite griffe tout au haut, et marquera, par conséquent, *en l'air*, — je veux dire vers le haut des lettres imprimées.

En observant avec attention ces figures, vous remarquerez que ces lettres portent toutes sur une des faces du *corps* une petite entaille qu'on appelle le *cran* de la lettre. Cette entaille, faite sur le même côté à toutes les lettres, sert à reconnaître

plus facilement la position qu'elles doivent avoir quand on les assemble à la suite les unes des autres pour former des lignes. Certaines lettres même ont plusieurs crans, qui servent à les distinguer plus aisément entre elles.

On nomme *caractère*, en terme d'imprimerie, non pas chaque lettre, chaque signe pris à part, mais toute la série des lettres de l'alphabet avec les signes de ponctuation, les chiffres, etc., etc., concordant par leurs dimensions et leur forme, et destinées à s'unir ensemble. Ainsi un *gros caractère*, c'est un ensemble de lettres de grande dimension ; un *caractère fin*, c'est une série semblable de *types* plus petits.

La forme des lettres, elle aussi, varie. Il y a d'abord le caractère ordinaire du livre, qu'on appelle *caractère romain :* c'est celui qui sert le plus, et pourquoi ? parce que c'est le plus facile à lire. Le caractère un peu couché qu'on appelle *italique*, parce qu'il fut inventé par des imprimeurs italiens, sert à distinguer les mots, les phrases que l'on veut particulièrement faire remarquer. Je vous citerai encore le caractère dit *gothique*, et qui imite une certaine forme d'écriture manuscrite en usage au moyen âge; en voici un spécimen :

La société entre les hommes ne peut subsister que par l'amour qui nous fait vivre et travailler les uns pour les autres.

Caractère gothique (de 10 points).

Les livres allemands, encore aujourd'hui, sont presque tous imprimés en une sorte de caractère gothique à peu près semblable de forme à celle-ci, et qui est beaucoup moins facile à lire que nos *caractères romains*. En voici un exemple; ces lignes sont en langue allemande, nécessairement; ce sont des vers, des vers charmants du grand poëte allemand *Schiller*, auquel nos pères, pleins d'admiration pour son talent et surtout pour ses nobles pensées, accordèrent comme la plus belle récompense le titre de citoyen français :

Ihr Matten, lebt wohl,
Ihr sonnige Weiden !
Der Senne muß scheiden
Der Sommer ist hin.
Wir fahren zu Berg, wir kommen wieder,
Wenn der Kukuk ruft, wenn erwachen die Lieder,
Wenn mit Blumen die Erde sich kleidet neu,
Wenn die Brünnlein fließen im lieblichen Mai.

Caractère allemand (de 9 points).

« Alpes, adieu ! adieu, pâturages ensoleillés; il faut vous quitter, l'été est fini. Nous gravirons la montagne, nous reviendrons quand le coucou jettera son appel, quand les chansons éclateront de toute part, quand la terre revêtira sa parure de fleurs, quand les ruisselets couleront au gracieux mois de mai.

C'est la chanson du berger des Alpes, qui dit adieu à ses montagnes, en les quittant à l'automne.

Enfin on a imaginé une foule de caractères de fantaisie, les uns allongés, les autres courts et larges, *gras* ou *maigres*, souvent ornés de traits et de fleurons : on les emploie rarement dans les livres. Je vous citerai seulement certaines lettres capitales très simples de forme, sans aucun délié, appelées *antiques*, parce qu'elles reproduisent en effet la figure des majuscules tracées sur les anciens monuments romains ; l'alphabet romain de la première partie vous donne un exemple de cette sorte de capitales. (page 65)

On apprécie la grosseur d'un caractère en mesurant, sur une des lettres de plomb, la dimension que nous avons appelée la *force de corps* de la lettre. — Mais dans l'art de la typographie on ne compte point par centimètres et millimètres ; la raison en est que l'imprimerie était organisée bien longtemps avant que le système métrique fût inventé ; or il eût été extrêmement difficile et embarrassant de changer toutes les dimensions anciennes des caractères.

On se sert donc d'une *unité de mesure* spéciale, exceptionnelle, qu'on appelle le *point typographique :* en imprimerie, tout se mesure par *points*. Un point vaut un peu moins de 4 dixièmes de millimètre (0^{mm},38). On fait des *caractères* de toutes les dimensions : il y en a d'énormes, de monstrueux pour certaines affiches... mais ceux-là, cela va sans dire, ne servent pas dans les livres ! On a gravé, par contre, des caractères *microscopiques*, si fins, que l'œil avait beaucoup de peine à les distinguer : on a imprimé ainsi des livres... dont personne n'eût pu lire deux pages de suite ! de coûteux et inutiles chefs-d'œuvre. Les caractères employés dans les livres varient depuis 3 *points* (environ 1 millimètre) jusqu'à une trentaine de points (environ un centimètre). Et, bien entendu, les plus petits sont habituellement employés dans les petits livres, les plus grands dans les énormes *in-folio*. — Voulez-vous vous rendre compte de ces différences ? Voyez la petite page de texte imprimée ci-après, et composée en caractères de ***quatre points***, le plus petit dont on se serve couramment dans les livres; puis voyez, en regard, cette autre page qui est en caractère de ***vingt-deux points***, le plus gros qu'on y emploie ordinairement : comparez! Pour l'économie de la place, du papier, pensez-vous, cela fait une différence! — Oui; et pour la facilité de la lecture aussi. Mais un caractère de force moyenne est ce qu'il y a de plus commode : tel

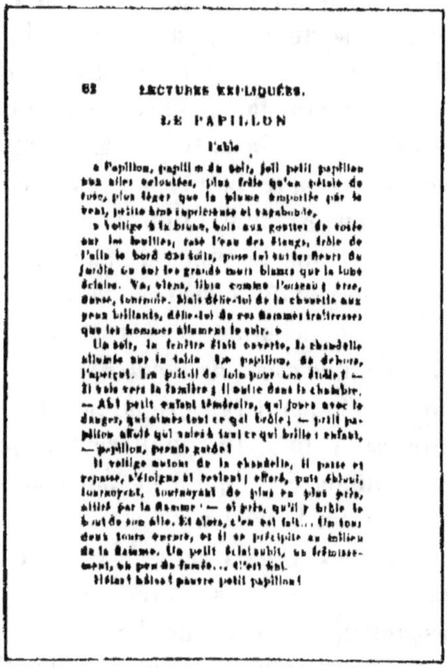

62 LECTURES EXPLIQUÉES.

LE PAPILLON

Fable

« Papillon, papillon du soir, joli petit papillon [illegible]

[illegible]

Hélas! hélas! pauvre petit papillon!

CARACTÈRE ROMAIN DE 4 POINTS.

est celui dont est composé ce petit livre même; il est de ***dix points***. La ***force de corps du caractère*** de l'***Avertissement*** est de ***onze points***.

Vous n'auriez pas la mesure exacte des caractères d'un livre en mesurant sur la page la hauteur d'une des lettres imprimées, parce que l'***œil***, qui seul marque sur le papier, n'occupe pas toute la largeur du corps : certaines lettres ont au-

Que la campagne est belle,
au printemps, à l'été, quand
les fleurs s'épanouissent de
toutes parts; quand la prairie
en est toute semée, comme
le ciel est semé d'étoiles par
une nuit claire; que les haies,
les buissons, les arbres en
sont couverts comme d'une
neige, que les jardins en sont
remplis comme des corbeilles,
et que partout, par les champs
et les prés, et les bois, et les
jardins, on respire leurs fraî-
ches senteurs!

dessous un *talus*, avons-nous dit; d'autres l'ont au-dessus. d'autres en ont à la fois au-dessus et au-dessous : reportez-vous à la figure de la page 123. Mais en prenant sur le livre la distance comprise entre le haut d'une des lettres qui montent le plus au-dessus de la ligne, telles que le b, le d, et le bas d'une des lettres qui descendent le plus au-dessous, telles que le g ou le p, vous aurez la mesure exacte de la *force de corps* des lettres de plomb qui ont servi à imprimer ce livre. Prenez ainsi mesuré, à l'aide de votre décimètre divisé, sur ces deux lettres juxtaposées dp; vous trouverez un peu plus de 3 millimètres : ce qui correspond à 10 points.

Enfin vous rencontrerez souvent dans les livres, en outre des lettres, chiffres et signes divers, des *filets* simples ou

FILET SIMPLE.   FILET ORNÉ.

ornés, qui servent à séparer certaines parties d'un texte, ou bien à entourer les pages comme d'un cadre; puis de petits *ornements* de diverses formes, tels que les *fleurons*, les

FLEURON.

CUL-DE-LAMPE.

culs-de-lampe, ainsi appelés à cause de leur forme, rappelant celle d'un support de lampe, et qui servent à occuper le blanc d'une page à la fin d'un chapitre.

FONTE DES CARACTÈRES

Les lettres d'imprimerie, vous ai-je dit déjà, sont en métal; on les fabrique en les coulant dans des moules. Mais ceci ne vous suffit pas sans doute, et vous voulez savoir plus en détail comment on les fond. Sachez d'abord que le choix de la matière convenable pour fabriquer les lettres a été la plus grande difficulté de toute l'invention de l'imprimerie. Il fallait qu'on pût fabriquer ces lettres en les coulant, afin qu'avec un seul moule on pût faire un très grand nombre de lettres semblables : il en faut tant! Or aucun métal ne possède à la fois toutes les qualités convenables. Le fer est trop dur; le plomb est trop mou, l'étain aussi; le cuivre eût été bon, mais il se fond difficilement, et se *coule* mal dans les moules.

Que faire? On a imaginé d'associer, de combiner, en les fondant ensemble, deux métaux différents, afin que l'un corrige les défauts de l'autre. Le *plomb* était trop mou; or il y a un autre métal, moins connu, que l'on nomme l'*antimoine*, métal gris, et qui, seul, n'est bon à rien, parce qu'il est à la fois dur et cassant. Gutenberg donc inventa de faire un *alliage* de plomb et d'antimoine. L'antimoine donne au plomb un peu de sa dureté; le plomb, mou et flexible, corrige la trop grande raideur et la fragilité de l'antimoine... l'alliage obtenu a juste le degré de dureté nécessaire, et, de plus, il se moule admirablement bien. — Pour obtenir cet alliage, appelé *métal à caractères*, on fond ensemble une certaine quantité d'antimoine avec quatre fois autant de plomb; le mélange se fait facilement, est très liquide, et fond à une chaleur assez faible.

Imaginez une petite *rigole* ou plutôt un petit canal creusé dans un morceau de cuivre, et ayant, en creux, la forme et la dimension du *corps* de la lettre : je ne puis mieux comparer ceci qu'au vide laissé entre deux règles d'égale épaisseur, posées sur la table l'une près de l'autre, sans se toucher pourtant, et que vous couvririez d'une autre règle plate ou d'un carton. Ce canal est ouvert aux deux bouts; mais nous allons le boucher, à l'une de ses extrémités, par une petite plaque de cuivre dans laquelle est gravée, en *creux*, la forme que doit avoir, en *relief*, l'œil de la lettre. Cette petite pièce est appelée la *matrice* : comme qui dirait *la mère aux lettres*...

et vous devinez déjà pourquoi. — Nous venons de construire
un *moule* : la matrice en est la pièce la plus importante.
Supposons ce moule dressé; à l'aide d'une cuiller, versons
dans l'extrémité ouverte qui se présente en haut, un peu de
métal fondu — exactement comme on verse du plomb dans
un moule à balles. Le métal va remplir le petit canal et pénétrer dans le creux de la matrice. En se refroidissant, il se
solidifie, tout en gardant bien exactement la forme, l'empreinte du moule. Il ne s'agit plus que de retirer la lettre fabriquée. Cela pourrait être difficile si le moule était d'une
seule pièce; c'est pourquoi le canal doit être formé de plusieurs pièces ajustées, qu'on sépare pour ouvrir largement
le moule et extraire la lettre sans effort.

Dans un même moule, avec la même matrice, on peut
fondre autant de lettres *semblables* que l'on veut. Bien entendu
que pour fondre un assortiment de lettres il faut autant de
matrices qu'il y a de formes différentes de lettres, ou, comme
on dit, de *types* différents. Le difficile, c'est donc de graver
la matrice, moule premier de chaque sorte de signe. Il serait
surtout très incommode de la graver à la manière ordinaire,
c'est-à-dire en creusant le métal avec un *burin*, un outil aigu.
On s'y prend autrement, d'une manière détournée. Le *graveur de caractères* commence par fabriquer un *poinçon*. C'est
une petite barre d'acier, à l'extrémité de laquelle il grave,
ou plutôt il sculpte — absolument comme vous avez sculpté
avec votre canif, au bout de votre règle de bois — une lettre
en relief, exactement semblable à celle qu'il s'agit d'obtenir
par la fonte. Mais la lettre à sculpter est très petite, sa forme
doit être extrêmement déliée, la matière est dure : le travail
est extrêmement long et délicat. Le graveur examine son travail avec une *loupe*, ou *verre grossissant* (verre bombé qui a
la propriété de faire paraître plus gros les objets que l'on
voit au travers). Lorsqu'en s'aidant de burins très aigus, de
limes, d'une foule de fins outils, il a modelé l'*œil* de sa lettre,

l'ouvrier *trempe* son poinçon : il le fait chauffer au rouge, et le plonge rapidement dans l'eau froide. Cette opération, qui nécessite certaines précautions, donne à l'outil d'acier une dureté extrême. Le poinçon fait et trempé, voyons le graveur faire une *matrice*. Il prend un petit morceau de *cuivre rouge*, qui est un métal assez mou, comme vous le savez ; il appuie sur la surface l'œil, la partie sculptée de son poinçon ; puis, avec un marteau, il frappe ce poinçon sur la queue, comme on ferait pour enfoncer une pointe dans une planche. Le poinçon, très dur, s'enfonce en effet un peu dans le cuivre qui est plus mou ; le relief sculpté de la lettre y marque son empreinte nette, vive, profonde. Ce creux dans le morceau de cuivre, c'est la *matrice* toute faite... il ne s'agit plus que de l'ajuster à l'extrémité du petit canal du moule. Avec le même poinçon on peut faire autant de *matrices* semblables que l'on veut ; avec chaque matrice, des lettres, identiques à celle du poinçon, par milliers. Vous voyez donc que la forme d'un seul *type*, façonné à la main, est multipliée ainsi presque indéfiniment.

Autrefois les lettres d'imprimerie étaient fondues, une à une, dans des moules séparés : le travail était encore lent. Il y a cinquante ans, un célèbre imprimeur français, nommé Didot, très habile et très ingénieux, inventa un appareil qui permet d'en fondre plus d'une centaine à la fois. Cet appareil, qu'il nomma *polyamatype*, d'un mot grec qui exprime son emploi, je ne vous le décrirai pas en détail ; mais vous en comprendrez facilement le principe. Imaginez un bloc de cuivre qui contienne cent vingt rainures en forme de canaux, terminés par autant de matrices différentes : en un mot, cent vingt moules complets qui tiennent ensemble. Une petite rigole creusée dans le métal communique avec tous ces moules. Si nous versons du métal fondu dans cette rigole, qu'arrivera-t-il ? Que le métal coulera dans toutes les rainures, remplira tous les moules. Le tout refroidi, voilà cent vingt lettres fondues à la fois. — Le bloc de cuivre est formé de plusieurs pièces qui peuvent se séparer; lorsqu'on les sépare, toutes les rainures se trouvent ouvertes, et on peut extraire les cent vingt lettres, qui se tiennent toutes ensemble, car le plomb que contenait la rigole aboutissant à tous les moules s'est solidifié aussi. Il ne s'agit plus que de séparer les lettres, de dresser parfaitement toutes les *faces* du corps avec des outils convenables. — Enfin on a inventé, il y a quelques années, une machine plus perfectionnée encore, qui fond les lettres une à une, mais avec une rapidité extrême; la machine elle-même fait pénétrer le métal fondu dans le moule pourvu de sa matrice, et chasse la lettre moulée et solidifiée.

On fond de la même manière, dans des moules convenablement disposés, des *pièces* de métal qui portent gravés à leur surface des *filets*, des traits entrelacés, des fleurons et ornements divers. Enfin on fabrique encore avec la même matière d'autres pièces, ayant moins de *hauteur* que les caractères, et qui ne doivent pas marquer sur le papier : ce sont les *interlignes*, les *blocs* les *lingots*, les *cadrats*, les *espaces*, etc., toutes choses dont nous indiquerons plus loin la forme et l'usage.

CHAPITRE III

L'IMPRESSION

CASSE ET COMPOSITION

Nous avons du papier — que nous avons vu fabriquer; nous avons des caractères — que nous avons vu fondre. Maintenant il s'agit de faire un livre ! Mais entendons-nous bien : dans cette chose, *faire un livre*, il y a deux choses : *écrire* le livre, le *fabriquer*. L'un est le travail intellectuel, l'autre est le travail matériel. L'un est l'affaire de l'auteur, nous l'avons dit; l'autre celle de l'imprimeur et du relieur. — Or laissons pour l'instant de côté l'œuvre de l'auteur; supposons le manuscrit achevé, le *manuscrit original*, comme on dit, pour le distinguer de toute copie qui en serait faite à la plume. Le travail de la pensée est fini; celui de la main commence. Et ce travail manuel a bien aussi son intérêt et sa valeur !

Il s'agit de faire un livre. Mais quel livre? Celui que vous voudrez, peu importe; les procédés, les travaux, sont les mêmes pour tous, à quelques détails près. Dans nos explications, nous prendrons pour exemple, de préférence, ce livre même que vous avez sous les yeux; et cela, tout simplement afin que vous puissiez observer autant que possible par vous-même; ce qui vaut toujours mieux, n'est-ce pas? — Et ce serait beaucoup mieux encore si je pouvais, vous prenant par la main, vous conduire dans quelque grande imprimerie, vous faire voir de vos yeux le travail, toucher de vos mains les objets... Un jour, si vous êtes curieux de choses intéressantes, vous la ferez, cette visite, et vous y trouverez plaisir, je vous assure. Pour le moment, il faut bien vous contenter de mes explications. — Imaginez donc que nous visitons ensemble une imprimerie. Dans toutes les villes un peu importantes, il y a une imprimerie au moins ; à Paris, dans les grandes villes il y en a d'immenses, qui occupent des centaines d'ouvriers et comprennent un grand nombre d'ateliers divers. C'est là que je veux vous conduire ; suivez-moi donc par la pensée.

Entrons dans le premier atelier : *l'atelier des compositeurs.*

COMPOSITEURS DEVANT LEURS CASSES.

C'est une vaste salle, avec de grandes et larges fenêtres : il faut voir clair ! De longues et hautes tables y sont disposées, absolument comme des pupitres d'écoliers dans une classe ; le dessus de ces tables est incliné, comme celui d'un pupitre. Ces tables ou tréteaux s'appellent *rangs.*—C'est ici que se fait le premier travail, en même temps le plus intéressant et le plus curieux : la *composition.*

Composer (*com-poser,* poser avec, ensemble), en termes d'imprimerie, cela veut dire réunir, assembler les lettres *mobiles* pour en faire des lignes, puis des pages. Voyez : devant sa table se tient le *compositeur*, presque toujours debout, afin de conserver la liberté de ses mouvements. En face de lui, bien devant ses yeux, sur un léger pupitre, est un papier écrit, qu'il appelle la *copie*. — La *copie* : il faudrait dire *l'original*, car c'est le manuscrit de l'auteur, ce qu'il s'agit de composer pour l'imprimer. Sur la table inclinée est posée une grande boîte de bois, très large, peu profonde, divisée en petits compartiments, contenant les *caractères*. De sa main droite le compositeur prend, « pêche, » comme vous diriez, dans sa boîte, les lettres de métal, pour les ranger à la file sur un petit instrument qu'il tient dans sa main gauche. — Tandis qu'il travaille, examinons un peu ses outils : tout d'abord la boîte aux caractères.

Cette boîte, plate et large, avons-nous dit, sans dessus, semblable à un tiroir, c'est ce que le compositeur appelle sa *casse* (non pas *case*, mais *casse*, avec deux *s*, d'un mot tiré du latin et qui signifie *caisse*). Elle est formée de deux parties distinctes et séparées ; cela fait, si vous voulez, comme deux tiroirs qu'on pose l'un devant l'autre. L'un, le plus près du compositeur, le plus bas par conséquent sur la pente de la table, est appelé le *bas de casse* : il contient les petites lettres, les minuscules. L'autre, placé plus loin du compositeur, renferme surtout les grandes lettres, les majuscules. Les deux parties de la casse sont divisées en un grand nombre de compartiments qu'on nomme *cassetins* (petites caisses). Dans chaque cassetin il y a, en plus ou moins grande quantité, une seule espèce de lettres ou de signes de ponctuation, toujours la même : ainsi il y a le cassetin aux a, le cassetin aux b,... le cassetin aux points, le cassetin aux virgules, etc. Voyez représentée sur le dessin ci-joint une *casse* avec tous ses compartiments ; sur chacun est marquée l'espèce de lettres que le cassetin renferme. — Ce qui vous frappe tout d'abord, n'est-ce pas, c'est que, dans le tiroir de devant, dans le *bas de casse*, les compartiments ne sont pas égaux : il y en a de grands, de moyens, de petits... Pourquoi ? C'est que dans l'écriture, et, par conséquent, dans la *composition*, toutes les lettres ne servent pas aussi souvent les unes que les autres. Jetez les yeux sur une page écrite ou imprimée : vous y trouvez des e en quantité ; il y a aussi beaucoup d's, d'a, d'i. Les m, les n, les d, sont en moindre nombre ; enfin

HAUT DE CASSE

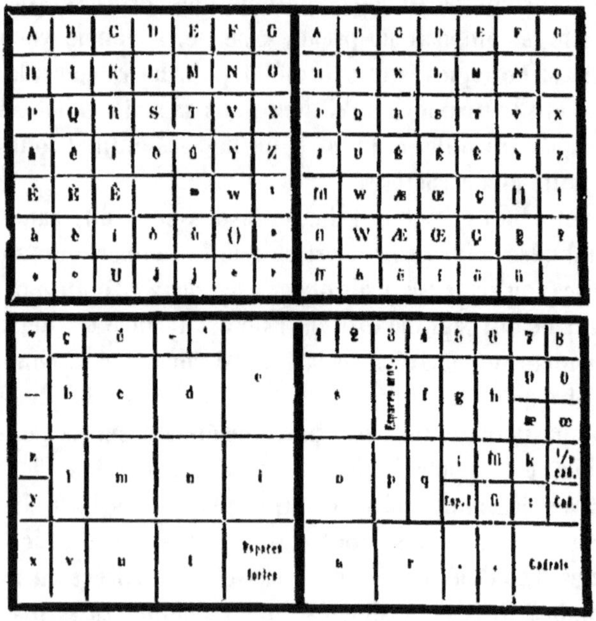

BAS DE CASSE

il y a des lettres, le k, par exemple, l'x, le w, qui servent rarement. Certaines lettres revenant donc plus souvent que les autres dans l'écriture, le compositeur emploie davantage de celles-là : il faut qu'il en ait une plus grande provision ; c'est pourquoi on leur fait des cassetins plus larges. Les lettres qui servent moins souvent sont renfermées, en moindre quantité, dans des cassetins plus étroits. Puis vous avez remarqué aussi que, dans ce même tiroir, les lettres ne sont pas rangées dans l'ordre habituel de l'alphabet. Pourquoi encore? C'est pour épargner la peine et le temps du compositeur. Les lettres qui servent le plus souvent, comme les e, les s, les a, on les a placées dans le bas de casse, et le plus près possible du compositeur, vers le milieu de la casse, afin que sa main ait moins de chemin à faire pour aller les chercher. Les autres lettres sont plus loin, il faut allonger le bras davantage pour les saisir; mais comme elles servent plus rarement, la peine n'est pas grande. Voilà ce que vous expliquerait l'intelligent et adroit ouvrier, si vous lui demandiez la raison de la forme et de la disposition de sa casse. Il vous ferait remarquer aussi que son *bas de casse* contient, en outre des petites lettres (minuscules), les signes de ponctuation, tels que points, virgules, points-virgules, deux points; quelques autres signes encore, employés dans l'écriture et dans l'impression, comme les *traits d'union*, les *apostrophes*, les *tirets*. Il vous montrerait encore, dans de petits compartiments, certains groupes de lettres, tels que fl, fi, qui tiennent ensemble, sur la même pièce, en sorte qu'en prenant ces sortes de caractères on met en place deux lettres ou même trois à la fois. — Vous y voyez, en leur ordre, les neuf chiffres et le zéro. Enfin vous trouveriez trois ou quatre compartiments remplis d'*espaces*, petites pièces de métal, plus ou moins épaisses, semblables de forme aux lettres, mais plus courtes, et n'ayant pas d'*œil* — vous vous souvenez de ce que cela veut dire. « N'ayant point d'*œil*, direz-vous, point de partie en relief? Mais elles ne marqueront pas sur le papier lorsqu'on imprimera! — Sans doute. — A quoi bon ce qui ne marque pas? — Vous le verrez tout à l'heure. »

Dans les compartiments du haut de casse sont d'abord les grandes lettres majuscules, qu'on appelle *grandes capitales* : celles qu'on met au commencement des phrases, des noms propres, dont on fait les titres des chapitres : A B C D.

Puis viennent d'autres lettres de même forme, mais plus petites, A B C D, qui servent moins souvent encore. Justement parce que les *capitales* s'emploient moins que les petites lettres de l'autre forme (minuscules), on les place dans le haut de casse, dans des cassetins éloignés de la main, tous égaux, et on les range dans l'ordre ordinaire de l'alphabet. Ce même tiroir du haut contient aussi certaines lettres minuscules, mais qu'on emploie rarement, les ë, les ï, les ü, avec tréma, les œ accolés; les lettres portant l'accent grave ou l'accent circonflexe; puis certaines petites lettres qu'on met *en haut* dans quelques abréviations, comme l'r de M^r, l'o de n° : c'est ce qu'on appelle des lettres *supérieures*. Enfin vous y trouveriez encore certains signes que vous rencontrerez dans les livres, tels que les points d'interrogation ? et les points d'exclamation ! la parenthèse ( ) les crochets [ ] et plusieurs autres, beaucoup moins usités que les signes ordinaires de ponctuation. En un mot on met dans le haut de casse *tout ce qui sert peu*. — En tout, il y a 152 cassetins dans une casse.

Et comment, pensez-vous peut-être, comment le compositeur peut-il se reconnaître dans tous ces petits compartiments si bizarrement rangés? — Il s'y reconnaît à merveille. Il ne cherche point, il ne tâtonne point... A peine a-t-il lu quelques mots de sa *copie*, que, de la main droite, il saisit l'une après l'autre, et avec une rapidité surprenante, les lettres par la tête, c'est-à-dire du côté de l'œil, et les place, le cran en bas, dans un instrument qu'on nomme *composteur*, et qu'il nous faut maintenant examiner.

C'est un outil très simple : une petite rigole en fer, avec un rebord assez haut en avant, à droite et à gauche : cela forme comme une petite case encore, mais une case qui n'aurait que trois côtés. Le compositeur range en ligne les lettres qu'il *lève*, c'est-à-dire qu'il prend dans la casse; il les plante *debout* le long du bord du composteur. Il les plante

debout, je veux dire l'œil en haut; mais, chose qui vous
paraîtra étonnante au premier abord, il dispose ses lettres
renversées, le haut de la lettre tourné vers lui, — en un mot,
il compose à l'envers. Ainsi faisant, s'il pose, par exemple,
un p, la lettre, renversée, présente à vos yeux un d; s'il
pose un n, vous croiriez voir un u. Mais le compositeur ne

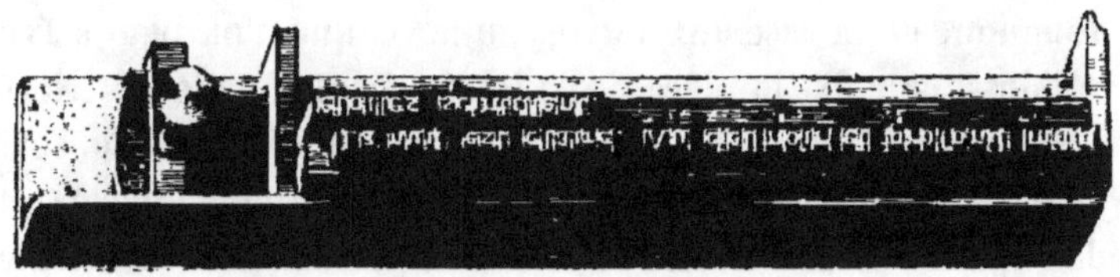

s'y trompe pas, lui; il lit ses lettres renversées aussi facilement que vous lisez une ligne écrite ou imprimée dans le sens
ordinaire : c'est affaire d'habitude.

Mais pourquoi compose-t-on ainsi à l'envers? Si vous rappelez vos souvenirs, vous l'avez deviné. Déjà, n'est-ce pas,
nous avons observé que si on imprime une lettre d'un cachet, un caractère, la trace imprimée paraît retournée,
disposée en sens inverse de la lettre regardée directement.
S'il s'agit non plus d'une seule lettre, mais d'une ligne formée
de plusieurs lettres, il en sera de même encore, évidemment.
Donc il faut composer la ligne *renversée*, pour que sa trace sur
le papier, retournée par le fait de l'impression, soit droite...
Mais cette simple indication ne nous en dit pas assez. Pour
bien nous rendre compte de la position renversée des lettres
et des lignes, et en même temps de tous les ingénieux procédés du travail de la composition, j'imagine un moyen très
simple : nous allons donner à l'ouvrier typographe quelques
lignes d'écriture à composer; et tandis qu'il formera ses
lignes, nous suivrons des yeux, lettre à lettre, le travail de sa
main.

Mais avant toute chose il lui faut encore savoir quelle longueur devront avoir les lignes. Cette longueur étant choisie, l'ouvrier ajuste son outil. Voyez-vous, sur le dessin, une pièce qui porte une vis, et qui forme le troisième côté de la petite case ouverte du composteur? Cette pièce est une sorte de petite cloison *mobile*, que l'on peut faire avancer ou reculer; par ce moyen on peut agrandir ou rapetisser à volonté la longueur de la case aux lettres; une vis que l'on peut serrer ou desserrer fixe la pièce ou la laisse glisser à volonté. Notre compositeur avance ou recule la cloison mobile, de telle sorte que la longueur de la case soit *juste* la longueur même que les lignes doivent avoir; il la fixe en serrant sa vis. Régler ainsi son outil, c'est ce qu'il appelle, en termes d'imprimerie, *justifier* son composteur, c'est-à-dire le mettre juste; et la longueur même des lignes se nomme, pour la même raison, *justification*. Cette opération faite, tout est-il prêt, enfin? Voici, disons-nous, notre copie :

> La nuit est claire. Au ciel noir et profond mille étoiles scintillent

Le typographe l'a placée, en face de lui, sur ce léger pupitre qu'il nomme *visorium* — encore un mot latin; il saisit son composteur de la main gauche; il le tient *en travers*, le côté ouvert en dehors, le côté fermé vers lui. Il le tient un peu penché vers lui, afin que les lettres posées debout dans la case du composteur se soutiennent en s'appuyant sur les cloisons et les unes sur les autres, et ne tombent pas. Il commence. Sa main rapide va chercher dans le *haut de casse* la lettre *grande capitale* L qui doit commencer la phrase; il la place, debout, l'œil en haut, retournée, ainsi que vous le voyez sur le dessin, à l'extrémité *gauche* de son composteur, dans l'angle. Puis il prend un a (minuscule) qui est à portée de sa main dans un cassetin du *bas de casse*, le pose, retourné de même, auprès de l'L, l'y appuie, l'y fait joindre. Mais déjà le mot est fini. Or il faut que tout mot, pour se distinguer bien, soit séparé du mot suivant par un petit intervalle de blanc. Le compositeur prend alors, dans un des cassetins réservés pour elles, une de ces pièces courtes, sans œil, que nous avons appelées des *espaces*. Il prend cette fois une *espace forte* — en typographie, le mot *espace* est du féminin, — c'est-à-dire une espace assez épaisse; il la pose absolument comme une lettre : cela fait, il place contre elle l'n, première lettre du mot suivant. L'espace empêche cet n de venir toucher à l'a qui termine le premier mot; elle le tient écarté. Or l'espace ne marquant pas sur le papier, dans la ligne imprimée il y aura un intervalle blanc, d'une certaine largeur, réservé entre les deux mots. Lorsque le compositeur veut mettre entre deux lettres un intervalle plus petit, il pose une *espace moyenne* ou une *espace fine :* ces espaces sont à part, dans des cassetins spéciaux. Enfin s'il veut un intervalle plus grand que la largeur d'une seule espace, il en met plusieurs l'une contre l'autre.

Mais tandis que je vous explique ceci, déjà le compositeur a mis en place les lettres u, i, t, l'espace qui sépare ce mot du mot est; puis les lettres des mots suivants; il a pris, en passant, et mis en place le *point-virgule;* il est déjà bien loin — le voici presque au bout de la case; la ligne est finie. Mais quoi! pouvons-nous compter que, le dernier mot de la ligne étant fini, cette ligne se trouve avoir exactement la longueur voulue? Cela peut arriver, mais cela arrive rarement. Le plus souvent il reste au bout un petit intervalle. Or il faut que la dernière lettre arrive juste à l'extrémité de la ligne. Il faut donc allonger un peu. On y arrive en glissant entre les mots de petites *espaces fines;* on en met autant qu'il le faut pour que la dernière lettre vienne toucher le bout du composteur, s'y appuyer même un peu fortement. De la sorte les mots se trouvent un peu plus espacés qu'on n'aurait voulu d'abord; mais la différence est peu de chose, l'œil du lecteur ne s'en apercevra pas. — Régler ainsi les espaces entre les mots pour donner la longueur exacte, cela s'appelle *justifier* la ligne. Mais si, arrivé vers l'extrémité de sa ligne, le compositeur voit qu'il reste, après le dernier mot formé, non pas un petit intervalle, mais un large espace, trop étroit cependant pour contenir en entier le mot suivant, qui est long, alors il se résigne à couper ce mot par la moitié; l'autre partie commencera la ligne suivante. Dans ce cas, la partie du mot coupé qui termine la ligne doit être suivie, comme vous le savez, d'un *trait d'union,* que le typographe appelle *division,* parce que ce signe sert à indiquer la division, la coupure faite dans le mot.

La ligne finie, justifiée, on passe à la seconde. On pourrait composer les mots suivants — en recommençant par la gauche, bien entendu, — en appuyant simplement les lettres de cette nouvelle ligne sur celles de la précédente. Mais quand on agit ainsi, les lignes sont trop serrées sur la page imprimée; leur aspect est désagréable, elles sont difficiles à lire : il vaut mieux qu'elles soient écartées davantage. Pour produire cet écartement, avant de commencer la seconde ligne le typographe pose dans son composteur une petite plaque de métal, mince, en forme de rectangle, n'ayant pas assez de hauteur pour marquer sur le papier, et qu'on a coupée bien exactement de longueur à la *justification* des lignes : c'est ce que l'on nomme une *interligne.* Appuyant donc ses lettres sur cette plaque, qui joint dans toute la longueur contre la première ligne, il compose la seconde; et par suite ces lignes seront séparées d'une quantité égale à l'épaisseur de l'interligne. Les lignes, sur la page imprimée, seront plus écartées, il y aura plus de blanc entre elles.

Notre compositeur donc, ayant posé son interligne, est en train de former sa seconde ligne. Il arrive au dernier mot : un point, *alinéa*. — Mais la ligne n'est pas finie : pour que les lettres tiennent, il faut la remplir. Pour cela le typographe, achève de justifier sa ligne en rangeant, non plus des lettres, mais ce qu'il appelle des *cadrats*, c'est-à-dire de petites pièces de métal ayant moindre hauteur que les lettres, n'ayant pas d'œil, semblables à des *espaces*, mais beaucoup plus larges : chacun remplit la place de plusieurs lettres. Le compositeur les prend dans un des cassetins de son *bas de casse*, les met en place : en un instant le vide est comblé. S'il lui faut remplir un blanc moins large, il se sert de pièces toutes semblables, mais de moindre dimension, qu'il désigne par les mots diminutifs de *cadratins* et de *demi-cadratins*.

La seconde ligne remplie, justifiée, le compositeur, après avoir placé une nouvelle interligne, passera à la troisième : inutile de suivre plus loin son travail, nous avons compris. — Je vous ferai seulement observer une chose encore, pour finir. Quand on commence un alinéa, la première lettre, qui est naturellement une capitale, n'est pas posée tout au commencement, ou, comme on dit, *en tête* de la ligne ; elle est reculée un peu, *renfoncée*, disent les typographes. Pour annoncer qu'on va *à la ligne* — en latin *a linea*, — on ménage avant la lettre un petit espace blanc. Ainsi, en commençant son travail, notre typographe n'a pas mis sa première lettre, son L, tout au fond de l'angle du composteur ; il y a mis auparavant un *cadratin*, qui garde la place du blanc, et *renfonce* la lettre. Il ferait de même à un second alinéa.

Nos lignes sont achevées ; elles tiennent dans le composteur, dont elles remplissent à peu près la capacité. Mais vous êtes pressé de voir quel effet produiront ces lignes imprimées. Que le compositeur donc y mette encore un peu de complaisance... Voici ; sans retirer ces lignes du composteur, à l'aide d'un rouleau, il noircit l'œil de ses lettres ; puis il prend une petite bande de papier, la pose sur le caractère noirci, la presse légèrement de la main... Les caractères s'impriment à l'envers, tels qu'ils sont sur le papier. Mais maintenant, si nous décollons la bande afin de la lire, pour mettre sous nos yeux la surface imprimée il va falloir, nécessairement, *retourner* le papier... et alors les lettres et les lignes, retournées par là même, prendront la direction ordinaire de l'écriture, comme vous le voyez ici :

La nuit est claire. Au ciel noir et profond mille étoiles scintillent.

Lorsque son *composteur* est rempli, le typographe, saisissant ce petit paquet de caractères, l'enlève en le serrant entre les trois premiers doigts de chaque main, puis le porte sur une planchette munie de rebords comme le composteur, mais plus vaste, et qu'on nomme une *galée*. Puis il recommence à former, sur son composteur devenu vide, un nouveau groupe de lignes, qu'il enlèvera de même et posera sur la galée, à la suite des premières.

Continuant ainsi, il arrive à faire une assez longue colonne de *composition*, pareille à la colonne de texte étroite et longue d'un journal. Mais observez bien : jusqu'ici tous ces caractères assemblés sont simplement plantés debout les uns près des autres, serrés, pressés, appuyés les uns sur les autres, mais non pas collés ni attachés ; en sorte que le moindre accident, un choc, un mouvement brusque et maladroit les ferait *tomber en pâte*, comme dit l'ouvrier, c'est-à-dire qu'elles s'écrouleraient en désordre, en un tas informe où toutes les lettres seraient mêlées : — un chaos indéchiffrable.

un affreux gâchis ! Aussi le typographe ne craint-il rien tant que de *faire de la pâte*... Pensez : tout son travail perdu ; et le temps qu'il faudrait passer à reprendre une à une toutes ces lettres, pour les remettre dans leurs cassetins ! Pour éviter ce malheur, quand il a réuni un assez grand nombre de lignes sur sa galée, le compositeur lie fortement ce *paquet* en passant une ficelle tout autour. Puis il fait glisser adroitement le paquet de la galée sur une feuille de carton, et le dépose avec précaution sous son rang, sur une planche.

Mais pensez-vous donc qu'on puisse aligner ainsi des centaines et des milliers de petites lettres, sans qu'une fois ou l'autre il se produise quelque erreur, quelque petit accident ? Ainsi ne peut-il arriver qu'en un instant de distraction la main du compositeur se trompe de compartiment, et qu'il prenne une lettre pour une autre ? Ne peut-il se faire aussi que, dans le cassetin destiné à une lettre, il se soit mêlé, par accident, quelques lettres d'une autre espèce ? Quelquefois la lettre prise dans la casse a été mal placée sur le compositeur, ou bien le compositeur a mal lu un mot de sa *copie ;* erreur souvent bien pardonnable ! Vous seriez peut-être tentés de croire que les auteurs, les hommes qui font leur métier d'écrire, sont naturellement ceux qui écrivent le mieux... Eh bien, pas du tout ! Au contraire. J'en sais, des auteurs, et des meilleurs, des plus célèbres, dont les manuscrits sont griffonnés d'une abominable manière, biffés, raturés... Le pauvre compositeur se débrouille comme il peut ; quand il ne peut pas lire, il devine... et parfois il devine tout de travers ! — Quoi qu'il en soit, les pages composées contiennent toujours des fautes, plus ou moins ; ces fautes, il faut les corriger : et, tout d'abord, il faut les découvrir, n'est-ce pas ? — Pour cela on imprime les paquets composés, mais sans grande précaution, et d'une manière toute provisoire. L'ouvrier prend un certain nombre de ces paquets liés, huit par exemple ; il les porte à une *presse.*

Je vous décrirai bientôt en détail cet appareil; mais ce que je vous ai dit des presses anciennes, en vous parlant des inventeurs de l'imprimerie, vous suffira parfaitement pour comprendre ce qui va se faire. L'ouvrier range donc en ordre ses paquets sur cette espèce de table que forme la presse; il met de l'encre aux caractères à l'aide du *rouleau*, ainsi que je vous l'ai expliqué déjà : il étend dessus une feuille de papier légèrement humide, puis il fait descendre doucement le plateau de la presse, à l'aide de la vis. Le papier est pressé contre les lettres *encrées;* il n'y a plus qu'à relever le plateau, détacher et enlever la feuille. Voyez : voici déjà des lignes imprimées, des espèces de colonnes semblables à des colonnes de journal. Seulement, en y regardant de près, vous vous apercevriez qu'elles ne sont pas parfaitement imprimées; les lettres ne sont pas marquées aussi nettement qu'elles doivent l'être dans un livre. Et puis remarquez que toutes ces pages qui se suivent sont imprimées *d'un seul côté de la feuille.* Mais peu importe, on peut lire, c'est tout ce qu'il faut. La feuille ainsi imprimée pour essai est ce qu'on appelle une *épreuve.*

Sur l'épreuve, toutes les fautes que le compositeur a pu faire apparaissent... On la passera d'abord au *correcteur* de l'imprimerie, afin qu'il la corrige, c'est-à-dire qu'il marque à la marge les fautes qu'il aperçoit; puis une autre épreuve sera envoyée à l'auteur du livre, qui lui aussi marquera ses *corrections;* et s'il lui convient de changer quelques mots, de faire ajouter ou retrancher quelque chose à ce qu'il avait écrit d'abord, il profitera de l'occasion pour indiquer ces changements. Mais avant que l'épreuve soit corrigée, jetons-y un coup d'œil, pour notre distraction. Car il faut vous dire que les *fautes typographiques* font un effet très bizarre. Vous n'imaginez pas les quiproquos étonnants que peut faire naître, par exemple, *une lettre mise pour une autre!* — Cela s'appelle, en termes d'imprimerie, une *coquille :* je ne sais d'où vient ce mot. *Une bonne coquille,* c'est-à-dire une lettre changée for-

1re Épreuve, 15 janvier 1884.

1   Les plus petits, les plus légers, les plus
2   mignons de tous les oiseaux, ce sont les co-
3   libris, aussi appelés oiseaux-mouches. Ils
4   ne sont pas, en effet, beaucoup plus gros que
5   de gros bourdons... Rien n'est plus joli que
6   ce petit bijou d'oiseau : ses ailes, tout son
7   corps brille des plus vives couleurs. Il va,
8   vient, voltige, léger comme un papillon; ses
9   ailes font entendre un petit bourdonne-
10 ment joyeux. S'il passe dans un rayon de so-
11 leil, son plumage étincelle comme le rubis;
12 s'il se pose sur les fleurs, le prendrait
13 lui-même pour une fleur. Le colibri se fait
14 un nid, un joli nid, suspendu à un
15 léger rameau, ou même à une feuille pen-
16 dante.
17 Ce nid ressemble à une coquille de noix
18 creusée; il à la branche est lié à l'aide
19 de mousses à l'extérieur, et à l'intérieur
20 de fibres délicates entrelacées, tapissé
21 de duvets moelleux ou de la bourre soyeuse
22 des cotonniers. (Récits d'histoire naturelle.)

mant un sens bien ridicule, est une chose dont on s'amuse beaucoup dans une imprimerie.

Je veux maintenant vous apprendre à vous-mêmes à corriger les épreuves... Qui sait? peut-être serez-vous auteur, un jour! — ou bien typographe. Mais, sans être ni l'un ni l'autre, il arrive très souvent qu'on a quelques pages à faire imprimer : un *rapport*, une *circulaire*. Vous avez donné votre texte à l'imprimerie; on vous envoie une épreuve à corriger. Il faut savoir trouver les fautes, indiquer les corrections. — Pour votre apprentissage donc, voici une petite page de texte qui vous représente une épreuve, telle qu'on l'envoie à l'auteur, et que nous allons corriger ensemble. — Dans cette page on a réuni exprès, non pas toutes les fautes possibles, mais celles qui se rencontrent le plus ordinairement.

Dès la première ligne (l. 1) une faute : une lettre pour une autre, ce qu'on appelle une *coquille;* un z à la place d'un g. Pour indiquer la correction, nous barrons la lettre qui doit être changée; puis, en face, à la *marge*, nous écrivons un g : près de ce g une petite barre qui sert de signe de renvoi, et montre que c'est à la place de la lettre barrée dans la ligne que ce g devra être mis. A la seconde ligne (l. 2), dans le mot *oiseaux*, ce n'est plus une coquille : c'est bien un a qu'il faut, mais un a *bas de casse*, et non pas un A *capital*. Nous barrons cet A, et nous écrivons un petit a à la marge — toujours avec la barre de renvoi. Plus loin (l. 3) c'est tout le contraire : il faut un I majuscule à la place du petit i; nous écrivons en marge un grand I que nous *soulignons* trois fois. Trois petites barres ainsi tracées sous une lettre, cela signifie *grande capitale;* deux barres indiqueraient une petite capitale; une seule, une lettre italique. Ailleurs, c'est une lettre abîmée (l. 4) qui marque mal, et qu'il faut changer; ou bien (l. 5) une lettre oubliée dans un mot, qu'il faut introduire : on fait alors à la barre de renvoi un petit crochet, en forme de coin : cela veut dire : écartez les caractères pour faire une place, puis *insérez*, introduisez, la lettre qui manque. D'autres fois, tout au contraire, comme à la ligne suivante (l. 6), c'est une lettre de trop, qu'il faut enlever. Pour dire d'enlever, de faire disparaître quelque chose, une lettre, un mot, une ligne même s'il le faut, il y a un signe particulier, formé d'un d et d'un r, dr, abrégé du mot *deleatur*, qui signifie, en latin, à ôter. En latin? Pourquoi cela? C'est qu'à l'époque où l'imprimerie fut inventée, vous en avez souvenir, les hommes qui s'occupaient de cet art étaient tous des savants et des hommes instruits, qui parlaient volontiers latin, et prenaient leurs notes en latin... L'usage de ce mot a été conservé. — Une ligne contournée en figure de 3 est le signe convenu pour indiquer qu'il faut retourner une lettre, le b du mot *briller* par exemple (l. 7), qui a été mis, par inadvertance, la tête en bas... Un autre signe, une ligne tortueuse en forme d'ဢ couché, serpentant entre les lettres, s'emploie pour marquer qu'il faut *échanger*, remettre en l'ordre convenable deux lettres qui avaient été transposées par erreur et se suivaient en ordre inverse, défigurant le mot *papillon* (l. 8). Ce même signe est répété à la marge, afin qu'en l'apercevant au bout de la ligne, l'œil se reporte à l'endroit où la faute existe. A la ligne suivante, une faute d'accent (l. 9); à la marge on marque qu'un e doit remplacer l'é avec accent mis par mégarde. — Voici maintenant des fautes de ponctuation : à la fin d'une phrase (l. 10) une virgule; nous l'avons barrée, et à la marge nous marquons un point, qui doit la remplacer : barre de renvoi, toujours. De même (l. 11), il faut une virgule après le mot *soleil ;* je l'écris en marge au bout de la ligne, avec le petit trait branchu qui signifie *introduire*. Plus loin, au contraire, il y a un point-virgule là où il ne faut rien : *deleatur*, en marge —ôtez-moi cela. Mais cette fois il y a deux fautes dans la ligne; deux corrections en face, à la marge : ne pourrait-on pas confondre? Pour bien préciser auquel des deux endroits se rapporte chaque correction, il me suffira de faire, pour la première faute, un petit trait en travers de la barre; pour la seconde faute, la barre aura deux petits traits; on en ferait trois s'il y avait une troisième faute dans la même ligne. Un mot répété deux fois (se se, l. 12) est ce qu'on nomme un *doublon*; *deleatur* pour l'un des deux. Un *bourdon*, tout au contraire, en termes d'imprimerie, c'est un mot omis, sauté... (même ligne) : naturellement il suffira d'écrire le mot oublié à la marge, avec le signe qui signifie *introduire*. Ici remarquez le renvoi doublement barré : c'est la seconde faute de la ligne.

Or, patience! le métier de correcteur est un métier de patience. Continuons : ici (l. 13), il convient de faire un *alinéa*. A l'aide d'un signe en forme de crochet dont les deux branches sont tournées *vers la droite*, nous faisons savoir que les mots, à partir de ce signe, doivent être renvoyés à la ligne suivante, le reste de celle-ci demeurant en blanc. Tout au contraire, un peu plus loin (l. 17), le compositeur a fait un *alinéa* là où il ne devait pas y en avoir; les mots doivent suivre sur la même ligne. Nous indiquons ceci par un crochet semblable à celui dont nous nous sommes servis tout à l'heure, mais tourné en sens contraire, les branches *vers la gauche*; cela signifie : *pas d'alinéa*. Ces signes se répètent, comme tous les autres, à la marge. — Voici des lignes *mal espacées*; à l'une (l. 14), deux mots ont été réunis en un seul; il faut mettre entre eux un intervalle blanc. C'est ce qu'on indique à la marge par une sorte de *dièze* #, qui veut dire : *espacez*. A l'autre ligne, au contraire (l. 15), voici un mot coupé à la moitié par un intervalle; il faut faire disparaître cet espace et rapprocher les deux parties du mot; cela s'écrit en marge par un signe en forme de parenthèses couchées ⊃⊂ qui dit : *rapprochez*. Des barres de renvoi marquent les endroits où ces corrections doivent être faites. — Voyez un peu plus loin (l. 16) une lettre qui marque trop gros, comme écrasée; c'est que cette lettre *lève*; elle dépasse le niveau des autres lettres : il faut l'enfoncer. Tout près de là vous voyez une tache au milieu de l'étendue blanche . c'est une *espace*, une *pièce* qui *lève* aussi. Elle devrait être plus basse que les lettres, afin de ne pas marquer; elle n'a pas été bien mise en place, sa surface arrive au niveau des lettres, elle marque sur le papier : il faut l'enfoncer davantage. Cela s'indique par une sorte de petite croix ╳ en marge, avec renvoi. — A la ligne suivante (l. 18), des mots ont été mal rangés : un long signe serpentant, semblable à celui que nous avions employé pour faire remettre en ordre deux lettres transposées, mais plus grand, renferme dans l'un de ses crochets le groupe des mots qui doit être reporté à la place de celui que l'autre crochet enveloppe, et réciproquement : c'est un échange à faire. — Souvent c'est l'ordre des lignes qui a été interverti; en sorte qu'une ligne, par exemple, vient avant celle qu'elle devrait suivre (l. 19 et 20). Un long signe serpentant, enveloppant les lignes à échanger dans ses deux crochets, marque comment il faut rétablir chaque ligne en sa place. — Enfin voici (l. 21) un mot que le compositeur a formé de lettres italiques; il n'y avait nulle raison pour cela : c'est une erreur. Pour indiquer que ce mot doit être rétabli en lettres ordinaires, il nous suffira de l'entourer complètement d'une ligne qui lui forme une sorte de cadre : un mot ainsi encadré doit être en *caractère romain*. — Tout au contraire, il est utile que les mots de la ligne suivante (l. 22), *Récits d'histoire naturelle*, soient composés en italiques, parce qu'ils ne font pas partie du texte lui-même; c'est un *renvoi* à un autre ouvrage, et il faut qu'il se distingue du reste. Or le compositeur les a faits de caractère romain; en soulignant simplement ces mots, je fais savoir qu'ils doivent être en caractère italique. — Ces signes doivent, comme toujours, se répéter en marge, avec barre de renvoi.

Voilà les corrections marquées par nous; il s'agit, pour le typographe, de les exécuter. L'épreuve a été renvoyée à l'imprimerie, remise au metteur en pages. Celui-ci reprend sa page composée, la pose de nouveau sur sa galée; pour pouvoir facilement enlever ou introduire des caractères, il desserre un peu ou même enlève complétement la ficelle qui lie la page en paquet. Puis, regardant les signes marqués sur l'épreuve, il commence à effectuer les changements indiqués. S'agit-il de changer une lettre, ou un signe de ponctuation: rien de plus simple. Soit, par exemple, la correction de la ligne première, un z à remplacer par un g. Avec une petite pince de fer nommée *bruxelles* ou *presselles*, l'ouvrier saisit délicatement, par le haut, la lettre z, l'enlève verticalement, puis, prenant un g dans la casse, le glisse dans le vide de la lettre enlevée, et l'enfonce jusqu'au niveau des autres par la pression du doigt. Il agirait semblablement pour remplacer une lettre brisée (l. 3), une virgule ou un point (l. 10); pour retourner une lettre mise la tête en bas (l. 7), échanger des lettres transposées (l. 8), etc., etc. De même il enlèvera une lettre ou un signe de ponctuation; ou bien au contraire, écartant avec la pointe de ses *bruxelles* deux caractères qui se touchent, pour faire entre eux une place, il y introduira soit une lettre oubliée (l. 5), soit une espace pour séparer deux mots (l. 14). Il pourra de même encore enlever ou introduire, ou changer, lettre à lettre, un mot entier, plusieurs mots.

BRUXELLES.

Mais ici faisons une observation. Si la lettre, le signe, le mot enlevés sont remplacés par une lettre, un signe, un mot tenant exactement la même place, la ligne composée n'est aucunement changée dans sa longueur; mais si on ôte, sans le remplacer, un caractère, un mot; ou au contraire, si on en ajoute un; ou bien encore si la lettre, le mot qui remplacent ce qu'on a ôté n'ont pas juste la même dimension, la ligne n'a plus sa longueur exacte; elle est plus longue ou plus courte : il faut la *justifier* de nouveau. Si la différence est peu de chose, le typographe ajoute ou retranche quelques fines *espaces* entre les mots, de manière à allonger ou à raccourcir la ligne de la quantité nécessaire. Les mots se trouveront un peu plus espacés ou un peu moins, mais ce sera très peu sensible, et le lecteur ne s'en apercevra pas. Mais s'il a fallu retrancher ou ajouter un nombre considérable de caractères, on ne peut plus agir ainsi; il reste au bout de la ligne un mot de trop ou une portion de mot qu'il faut faire passer à la ligne suivante; ou bien il reste un vide, et il faut prendre à la ligne suivante un mot ou une portion de mot pour le combler. De la sorte, voilà l'autre ligne qui va se trouver à son tour trop courte ou trop longue. Souvent il faut *remanier* ainsi un assez grand nombre de lignes, faisant passer les mots de l'une à l'autre. C'est ce qui arrivera encore, tout naturellement, s'il faut faire (l. 13, 14) ou supprimer (l. 16, 17) un *alinéa*. Ces remaniements coûtent beaucoup de temps, de peine et de soin. Le compositeur est alors obligé de défaire son paquet, en écartant les lignes les unes des autres sur sa galée, avec beaucoup de précaution, pour ne pas mettre la composition en pâte! Puis il remanie, l'une après l'autre, ses lignes, avant de les réunir et de les rattacher.

Ce minutieux travail est achevé; le typographe a rattaché sa page en paquet avec sa ficelle : on fait une *seconde épreuve*, pour vérifier si toutes les corrections indiquées ont été bien faites; on l'envoie, comme la première, à l'auteur, qui la relira avec grande attention. — Faisons de même. Comparez à la *première épreuve* de notre page d'essai, qui était, comme vous savez, criblée de fautes, la *seconde épreuve* qu'on nous envoie. Les fautes ont dû être corrigées suivant nos indications; cela a-t-il été bien fait? Relisez, comme j'ai relu. — Est-ce bien? la page est-elle sans fautes? Peut-elle être imprimée ainsi? — Oui, dites-vous. — Quand l'auteur a vérifié les corrections, et qu'il juge le texte *correct*, il le fait savoir en écrivant au bas de l'épreuve ces mots · *Bon à tirer;*

puis il signe. Or, puisque c'est nous qui prenons ici le rôle de l'auteur, — nous, c'est-à-dire moi d'une part, et vous aussi, mon jeune lecteur qui avez fait avec moi le travail de la correction, — nous mettons donc, au bas de la seconde épreuve, notre *bon à tirer*; et je signe pour nous deux, avec votre permission...

Sur cette seconde épreuve, nous n'avons pas trouvé de fautes; mais il n'en est pas toujours ainsi. Souvent les corrections n'ont pas été exécutées parfaitement; ou bien de nouvelles fautes se sont produites, par accident; ou bien enfin l'auteur juge convenable de changer encore certains mots. Il lui faut alors marquer en marge ces nouvelles corrections: le metteur en pages les exécutera, comme la première fois, et renverra à l'auteur une troisième épreuve, une quatrième s'il est nécessaire. — Puis observez bien ceci dans tout ce qui précède, voulant nous rendre compte du travail de la correction, nous avons supposé une *seule page* composée et corrigée. Elle est correcte : tout est bien, il n'y a plus qu'à l'imprimer, à en faire le *tirage*. Mais dans un livre il y a un grand nombre de pages, qui doivent être imprimées à la suite; le travail est plus compliqué. Or il s'agit ici, non pas d'une simple page, mais d'un livre, ou comme disent les typographes, d'un *labeur*; l'œuvre est longue, en effet, et laborieuse. Le texte de l'ouvrage tout entier a donc été d'abord composé, puis mis en paquets; on en a fait des épreuves, qui ont été corrigées, d'abord par le *correcteur* de l'imprimerie, puis par l'auteur : les corrections ont été faites à mesure *sur le plomb*, comme disent les imprimeurs, c'est-à-dire exécutées suivant les indications du correcteur et de l'auteur, sur tous les paquets de caractères. Cela fait, il reste à former, à l'aide de ces lignes provisoirement groupées en paquets inégaux, des pages égales et régulières.

2ᵉ *Épreuve, 18 janvier 1884.*

1 Les plus jolis, les plus légers, les plus
2 mignons de tous les oiseaux, ce sont les co-
3 libris, aussi appelés oiseaux-mouches. Ils
4 ne sont pas, en effet, beaucoup plus gros que
5 de gros bourdons... Rien n'est plus joli que
6 ce petit bijou d'oiseau : ses ailes, tout son
7 corps brille des plus vives couleurs. Il va,
8 vient, voltige, léger comme un papillon ; ses
9 ailes font entendre un petit bourdonne-
10 ment joyeux. S'il passe dans un rayon de so-
11 leil, son plumage étincelle comme le rubis ;
12 s'il se pose sur les fleurs, on le prendrait
13 lui-même pour une fleur.
14 Le colibri se fait un nid, un joli nid,
15 suspendu à un léger rameau, ou même à une
16 feuille pendante. Ce nid ressemble à une
17 coquille de noix creusée ; il est lié à la
18 branche à l'aide de fibres délicates entre-
19 lacées, tapissé de mousses à l'extérieur, et
20 à l'intérieur de duvets moelleux ou de la
21 bourre soyeuse des cotonniers. (*Récits*
22 *d'histoire naturelle.*)

MISE EN PAGES ET IMPOSITION

Suivez-moi maintenant dans la *conscience*. —Qu'est-ce que cela? dites-vous. — La *conscience*, c'est un atelier : tenez, le mot est affiché en grosses lettres sur la porte. — Ah ! Et d'où vient ce nom bizarre? — Le voici. Le compositeur qui puise les lettres dans la casse pour former les lignes et les paquets, est payé *à la tâche*, c'est-à-dire suivant la quantité de travail qu'il fait. Or ce travail, on peut l'évaluer facilement : il n'y a qu'à compter les lignes composées. Plus le compositeur est habile, vif à l'ouvrage, plus il fait de lignes, plus il gagne; et c'est justice. Mais pour la correction, la mise en pages et autres opérations délicates, on ne peut pas calculer ainsi; tantôt le travail est plus long et plus difficile, tantôt plus facile et plus rapide : il n'y a pas de mesure possible. Les typographes qui font ces sortes de travaux sont payés, non plus à la tâche, mais au temps, à l'heure; et alors il est entendu qu'il travailleront *en conscience*, sans perdre leur temps, ainsi qu'il est juste. Aussi dit-on dans les imprimeries : « Certains typographes travaillent *à la conscience.* » Et les ouvriers entre eux : « Où donc est M. un tel? — Il est à *la conscience.* » En sorte que, par cette façon abrégée de parler, le nom de *conscience* est resté à l'atelier.

Mais ne nous attardons plus. Une suffisante quantité de *composition*, c'est-à-dire de lignes composées et réunies sous forme de paquets, corrigées, a été préparée : l'opération de la *mise en pages* va commencer.

L'ouvrier prend, dans le premier paquet, autant de lignes que la page doit en avoir; il y ajoute le numéro de la page, ce qu'on nomme le *folio*; puis le *titre courant*, c'est-à-dire ce titre *en capitales* que vous voyez au haut des pages de presque tous les livres, comme au haut de ces pages mêmes que vous lisez (HISTOIRE D'UN LIVRE. — COMPOSITION.) Ce *folio* et ce *titre courant* étaient composés d'avance, et sous sa main; il les ajuste; cela fait, il lie sa page avec une ficelle passée autour. Puis il forme de même une seconde, une troisième page, en prenant à la suite dans les paquets.

Au commencement de chacun des chapitres d'un livre, on met, comme vous le savez, un *titre de chapitre*, ordinairement composé en capitales. Voyez le commencement de l'un des chapitres de ce livre, celui qui est intitulé : IMPRESSION, par exemple. Vous observerez d'abord que ce titre ne forme pas une ligne complète. Puis, au-dessus de cette ligne de capitales, vers le haut de la page, et au-dessous, entre les titres et le *texte courant*, c'est-à-dire les lignes en petit caractère, vous observez d'assez larges espaces blancs. Enfin jetez un coup d'œil sur la première page du texte de ce livre : vous voyez un titre composé de même, mais en caractères plus gros, et ayant beaucoup plus de blanc autour de lui, en sorte que le texte ne commence guère qu'à la moitié de la page. Ce titre, qui est en tête de la première page du livre, se nomme *titre de départ*. Pour obtenir ces *blancs* au-dessus et au-dessous des titres, le metteur en pages dispose à ces endroits des pièces de métal, des *blocs*, qui ont la largeur de plusieurs lignes, et qui sont dépourvus de *relief*, comme les *espaces*. Le metteur en pages en a, sous la main, de différentes longueurs et de différentes largeurs : il les choisit suivant le besoin, et les ajuste de manière à remplir le vide au-dessus et au-dessous des lignes du titre, afin de les maintenir à la distance convenable. Ces *pièces*, ces *blocs*, ayant moins de hauteur que les lettres, ne toucheront pas le papier, quand on fera l'impression; ils ne feront aucune trace, et le papier restera blanc à ces endroits. Leur utilité est seulement d'appuyer les lignes de caractères, de les maintenir en place, de permettre de serrer fortement le tout. — A la fin d'un chapitre on laisse souvent aussi en blanc le reste de la page.

L'ouvrier, après avoir mis en place ce qu'il lui reste de lignes, achève de remplir la page avec des *blocs*. — Les pages disposées ont été solidement attachées, puis mises en réserve. Il y a de ces pages autant que le livre doit en avoir : cent, ou deux cents, parfois mille, ou davantage ! On a composé la *table des matières*. Tout est-il achevé ? ne reste-t-il plus rien ? — Ah ! si encore. Finissons... par le commencement.

Lorsque vous ouvrez un livre, la première chose qui frappe vos yeux c'est cette page placée *en tête*, où sont imprimés en grands caractères, d'abord le *titre* de l'ouvrage, qui est comme le nom propre du livre, le nom par lequel on le désignera ; puis certaines explications s'il est nécessaire, pour faire comprendre le titre ; le nom de l'auteur, celui de l'éditeur, celui de la ville où l'ouvrage a *paru*. Cette page est ce qu'on appelle le *grand titre*. Les lignes y sont composées presque toujours en *capitales*, ou en caractères de fantaisie diversement ornés. Le bon goût du metteur en pages se montre dans la manière dont cette page est disposée. Il faut, d'abord, que l'aspect de la page entière soit agréable, en même temps *clair* pour les yeux, qui doivent saisir l'ensemble du premier coup ; il faut que les mots les plus importants soient composés en lettres plus grandes, afin qu'ils frappent mieux la vue. Ces lignes de caractères différents, les unes longues, les autres courtes, entourées de *blancs* plus ou moins larges, sont difficiles à arranger ; il faut, pour les maintenir, remplir les espaces blancs de la page de *pièces* de différentes largeurs et de différentes longueurs, combinées avec beaucoup d'habileté pour combler bien exactement tous les intervalles. Faire cette opération délicate qui consiste à combiner les longueurs et les largeurs des caractères divers et des pièces, de façon à les ajuster comme les pièces d'un *jeu de patience*, pour former un tout régulier et solide, c'est ce qu'on appelle *parangonner*. Un habile typographe cependant se débrouille à merveille, et assez vite, dans ce travail de combinaison et d'adresse. — Le titre du livre est ce que l'on compose d'ordinaire en dernier lieu.

Pour comprendre ce qu'il me reste à vous expliquer, il faut tout d'abord savoir ce qu'on entend par le *format* d'un livre. Prenez une feuille de papier écolier ordinaire; étalez-la devant vous. Imaginez qu'elle représente une feuille qui doit être imprimée des deux côtés pour entrer dans un livre. Un livre est, comme un cahier, formé de feuilles de papier cousues ensemble : la manière de plier la feuille pour former cette sorte de cahier, c'est là ce qu'on nomme le *format*.

Supposons que vous veuilliez faire, avec des feuilles de papier semblables à celles-ci, un cahier, le plus grand possible : vous plierez seulement chaque feuille en deux, pour pouvoir la coudre en passant un fil dans le pli, n'est-ce pas? Et quand vous ouvrirez le cahier pour y lire ou y écrire, sa surface étalée vous présentera l'étendue entière de la feuille. — Quand, pour former un livre, on assemble ainsi des feuilles entières, pliées seulement au milieu, ce livre se dit — en latin — *in-folio*, c'est-à-dire *en feuille* (entière). Or sachez qu'une *feuille d'impression* est beaucoup plus grande qu'une de vos feuilles de papier à écolier, quatre fois aussi grande au moins. Un *in-folio* est donc un très grand livre, peu maniable, incommode à lire : on en fait très peu. Cependant observons notre feuille de papier pliée en deux. Elle forme, comme vous voyez, deux *feuillets;* et comme chaque feuillet s'écrit des deux côtés, cela fait quatre pages. La page de dessus du premier feuillet, celle sur laquelle vous écririez tout d'abord, *l'endroit* de la feuille pliée, est ce qu'on appelle le *recto* (*l'en-droit*), le revers de cette page est le *verso* (*l'envers*). Ouvrez votre feuille : vous aurez, à droite du pli, un recto, à gauche un verso. De même dans un livre. A l'endroit où vous tenez ouvert ce livre, vous voyez à droite la page 159 qui est un recto, à gauche la page 158 qui est un verso. Or on commence à numéroter les pages d'un livre à partir du recto du premier *feuillet* du texte; toutes les pages impaires sont donc des rectos, toutes les pages paires des versos.

Maintenant, veuillez numéroter, suivant l'ordre dans lequel on les écrirait, vos quatre pages : 1, 2, 3, 4. Étalez votre feuille. Elle a deux côtés ; l'un d'eux réunit, en regard l'une de l'autre, la page 1 et la page 4 ; l'autre côté réunit les pages marquées 2 et 3. Observez bien ceci, c'est important : les numéros des pages voisines, d'un même côté, ne se suivent pas toujours : repliez la page, ils se retrouvent dans l'ordre. — Le côté de la feuille qui porte le n° 1 se nomme le *côté de première* (sous-entendu *page*); celui où est inscrit le numéro 2 est le *côté de seconde*. Supposons maintenant que vous veuilliez former, avec votre feuille et d'autres semblables, un cahier plus petit : vous plierez chaque feuille deux fois, de telle sorte que les deux plis se croisent. Au lieu de deux feuillets vous en avez *quatre* maintenant, ce qui fait, rectos et versos, *huit* pages : seulement ces huit pages sont juste moitié plus petites, bien entendu. Quand un livre est formé de feuilles d'impression ainsi pliées en quatre feuillets, il est appelé *in-quarto* : cela s'écrit en abrégé *in-4°*. Une observation, tandis que nous y sommes. Dans une feuille ainsi pliée, il y a deux feuillets qui se tiennent par les bords, qu'il faut séparer avec un couteau, si on veut les ouvrir pour y écrire ou pour y lire. Ainsi est-il de tous les livres neufs *brochés*, lorsqu'ils sont formés non de feuilles entières, mais de feuillets pliés, et de là vient qu'il faut *ouvrir* ces livres pour les lire la première fois. — Ne fendez pas votre feuille ; seulement, écartant les bords, numérotez les pages suivant la série ordinaire, de 1 à 8. Est-ce fait ? A présent, développez la feuille. Vous voyez les pages qui restent marquées par les plis. Jetez maintenant un coup d'œil sur vos numéros. Non seulement ils ne se suivent pas sur chacun des côtés de la feuille, mais de plus, il y en a qui se trouvent maintenant la tête en bas... Vous comprenez bien pourquoi ; c'est qu'en défaisant le pli, une des moitiés du papier se renverse. Repliez la feuille en quatre, et voilà vos numéros retournés à leur place, en ordre et dans leur position droite.

Plions notre feuille une fois de plus encore, par le milieu. Une feuille ainsi pliée en huit nous offre le format *in-octavo* (en huit), qu'on écrit en abrégé *in-8°*. Ce livre que vous lisez est un *in-octavo* ; chaque feuille d'impression, pliée, forme huit feuillets, et par conséquent seize pages. Ce format, qui donne, comme vous voyez par cet exemple, des livres de grandeur moyenne et commode, est un des plus usités. Pour avoir un livre plus petit, on peut plier la même feuille en 16, ce qui met sur chacune 32 pages ; c'est le format *in-16*. On fait aussi des *in-32*, qui portent 64 pages, mais c'est rare. D'autres manières de plier la feuille de papier en 12 ou en 18 feuillets, fournissent les formats *in-12* (24 pages sur chaque feuille) et *in-18* (36 pages), très commodes et très souvent employés.

De quelque manière qu'elle doive être pliée, la feuille est toujours imprimée étendue, et en deux fois : un côté d'abord, puis l'autre. Le nombre des pages de la feuille se divise donc en deux parties égales, une moitié pour chaque côté. S'il s'agit, par exemple, d'un in-octavo, il y a huit feuillets, donc 16 pages : il y aura huit pages pour le côté de première et huit pages pour le côté de seconde. Or, disons-nous, la feuille s'imprime tout entière d'un côté, puis on la retourne pour imprimer l'autre surface. Toutes les pages qui appartiennent à un même côté doivent donc être groupées ensemble, de telle sorte qu'elles s'impriment d'un seul et même coup ; de même celles qui appartiennent à l'autre côté. Disposer convenablement, en deux groupes, les pages de composition qui appartiennent aux deux côtés d'une même feuille, cela s'appelle *imposer* (c'est-à-dire *poser sur*, assembler sur une table). L'opération de l'imposition se fait sur une vaste table, dont le dessus est formé d'une grande plaque de fonte bien dressée. Cette surface plane est ce qu'on appelle le *mar-*

bre, parce qu'autrefois en effet le dessus de cette table était formé d'une plaque de marbre poli; aujourd'hui, quoiqu'on le fasse de métal afin qu'il résiste mieux aux chocs, l'ancien nom a été conservé. Le typographe va donc disposer ses paquets de pages sur son *marbre*. — Mais n'avez-vous pas souvenir de ces numéros que nous avions écrits à la suite, sur les pages de notre feuille pliée en deux, en quatre, en huit, et qui, la feuille étant dépliée, se trouvaient si bizarrement répartis sur les deux côtés? Si donc nous voulons que les pages imprimées de la feuille se suivent dans l'ordre convenable, il faut tout d'abord que les pages de composition soient divisées en deux groupes, l'un pour le côté de première, l'autre pour le côté de seconde; de plus, dans chaque groupe, les pages doivent être disposées, les unes droites, les autres renversées, et les numéros ne se suivant pas, mais combinés d'une certaine manière... là est tout le secret de l'*imposition*.

Pour bien nous en rendre compte, examinons tout d'abord le cas le plus rare, mais le plus simple : supposons qu'il s'agisse d'un in-folio. — Nous avons déjà observé comment se présentent les pages, lorsqu'on déplie la feuille. De nos quatre pages qui se suivent, deux donc forment le groupe du *côté de première* : ce seront les pages marquées 1 et 4; les deux autres, marquées 2 et 3, formeront le côté de seconde. Pour l'in-folio, le typographe *imposera* donc ses pages ainsi que vous le montre la première figure de la page suivante : toutes sont *droites*, comme vous le voyez.

Mais pour l'in-quarto, — la feuille pliée en quatre, vous vous en souvenez, — la disposition est déjà plus compliquée; et la moitié des pages doivent être renversées, comme l'indique la seconde figure; de plus on les dispose en travers. De même pour les seize pages de l'in-octavo, huit pour chaque côté seront imposées ainsi : quatre droites, quatre renversées.

Pour les formats in-12, in-18, in-16, in-32, etc., la manière de plier la feuille conduit à faire des combinaisons d'*impo-*

sition encore plus compliquées, et que tous les typographes doivent connaître : pour nous, il nous suffit d'avoir com-

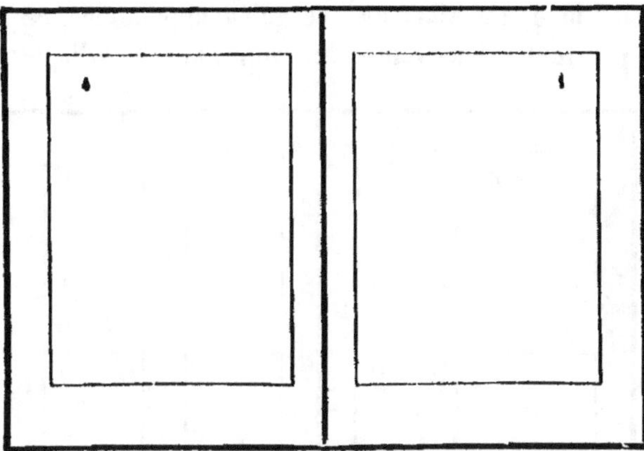

IN-FOLIO, COTÉ DE PREMIÈRE.
Le côté de seconde contient les folios 3 et 2, droits.

pris le principe, la raison de ces dispositions. — Vous observerez encore, en examinant les figures ci-contre, que les

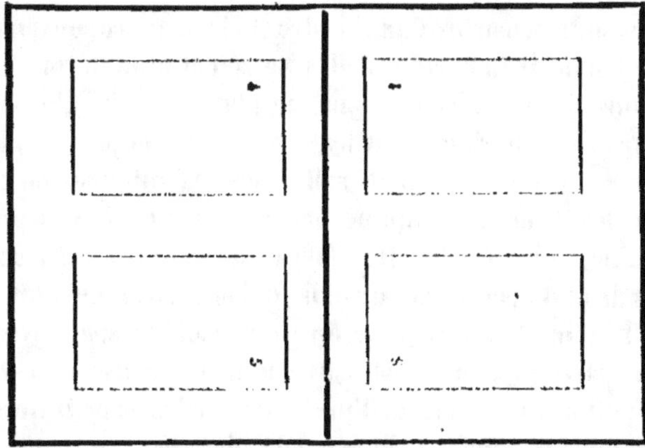

IN-QUARTO, COTÉ DE PREMIÈRE.
Le côté de seconde contient les folios 2 et 7, droits, 3 et 6 renversés.

pages, figurées par de petits rectangles aux coins desquels sont écrits les numéros, *ne se touchent pas*. Entre chacune l'ouvrier, en imposant, réserve une certaine distance. Lorsqu'on imprimera, il restera donc autour de chaque page un espace blanc, qui formera ce qu'on appelle la *marge*. Ce n'est pas tout. Nous venons de voir l'ouvrier disposer ses

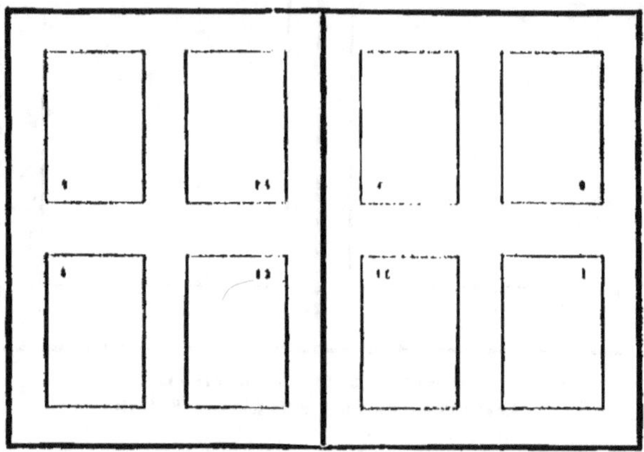

IN-OCTAVO, CÔTÉ DE PREMIÈRE.
Le côté de seconde contient les folios 7, 13, 11, 6, renversés, et les folios 2, 15, 11, 3, droits.

pages sur son marbre dans l'ordre et à la distance convenables; maintenant il importe qu'elles ne soient plus dérangées. Or on aura à les transporter, même plusieurs fois, d'un bout à l'autre de l'imprimerie, à les porter sous la presse… Il faut donc que ces pages soient solidement maintenues en place. Pour les fixer, on emploie des *châssis*. Un *châssis* est une sorte de cadre en fer très fort et assez lourd : il y en a de grands et de petits. Les grands, qui ont toute l'étendue d'une feuille d'impression, pour être plus solides sont divisés en deux parties par un fort barreau appelé *traverse* ou *barre*. Les petits ont la forme d'un simple cadre sans traverse, et se nomment *ramettes*. Remarquez bien ceci : un châssis n'a pas de fond; ce n'est pas une boîte, une case; c'est, je le répète, un simple cadre. — C'est un in-octavo que notre typographe a imposé sur son marbre; il a donc convenablement rangé les huit pages du *côté de première*. L'ouvrier apporte un grand chassis; il le pose sur le marbre, de telle sorte que, les pages étant *encadrées* par le châssis, la barre de fer qui le traverse trouve sa place entre elles.

Il s'agit maintenant de fixer les pages en leur place, tout en maintenant bien égaux les intervalles qui formeront le blanc des marges; pour cela on remplit ces intervalles de *pièces de fonte* de largeur convenable, qui, étant moins hautes que les caractéres, ne marqueront pas sur le papier. Enfin, pour bien assujettir tout en place, et serrer fortement les

FORME CONTENANT LES HUIT PAGES SERRÉES DANS LE CHASSIS.

pages de caractères dans le châssis, le typographe introduit entre les pièces et les bords du châssis, d'abord de petites réglettes en métal qu'il appuie contre les bords des pages, puis d'autres règles de bois dur, celles-ci taillées obliquement, qu'il nomme les *biseaux*. Enfin entre ces biseaux et les bords du cadre, il place des coins, de bois dur aussi, qu'il enfonce à grands coups de marteau. — Le châssis ainsi rempli, avec tout ce qu'il contient, pages, pièces, etc., est ce qu'on appelle une *forme*. Chose qui vous étonnera peut-être, quand l'ouvrier a convenablement *serré la forme*, c'est-à-dire assez fortement comprimé l'ensemble à l'intérieur du châssis en enfonçant les coins, le *tout se tient en bloc*, comme si ce n'était qu'une seule pièce : en sorte qu'avec un peu de précaution on peut enlever la forme de dessus le marbre, la transporter d'un bout à l'autre de l'imprimerie, sans qu'aucune pièce se détache, sans qu'aucun de ces milliers de caractères tombe. Tout cela est très lourd cependant; si lourd qu'une forme un peu grande est toute la charge d'un homme vigoureux : tout plomb et fer, pensez! Et toutes ces parties ajustées tiennent par la seule pression des coins.

Nous venons de voir assembler et serrer la forme du *côté de première*; la *forme de seconde* sera disposée de la même manière. Avec ces deux formes nous avons de quoi imprimer la feuille complète, des deux côtés. — Or le livre contient presque toujours, avons-nous dit, plusieurs feuilles d'impression : autant de feuilles donc, autant de fois deux formes. Ce livre que vous tenez en main et qui n'est pas bien épais, renferme déjà 224 pages; chaque feuille contient 16 pages, puisque c'est un in-octavo; il y a par conséquent 14 feuilles ; et pour l'imprimer il a fallu 28 formes, contenant huit pages chacune.

Voici donc, assemblées et serrées, les deux formes d'une feuille. Tout étant composé et mis en place, vous pensez qu'il n'y a plus qu'à imprimer. — Imprimer? Pas encore. — Il est rare, disions-nous, même lorsqu'il s'agit d'une seule page, qu'une seule correction soit suffisante. Avant de mettre en forme ces pages, on en a tiré des épreuves, et ces épreuves ont été corrigées, ainsi que nous l'avons expliqué, d'abord par le correcteur de l'imprimerie, puis par l'auteur. Les corrections étant indiquées, le typographe les a exécutées; puis aussitôt les pages ont été imposées. Or, avant de tirer, il faut vérifier si toutes les corrections ont été bien faites. Ces paquets de caractères ont été remués, transportés sur le marbre, maniés de cent façons; quelques lettres ont pu tomber, par accident, ou se déranger. En imposant, ou en mettant les numéros des pages, on a pu commettre quelque nouvelle erreur. Enfin l'auteur lui-même veut donner un dernier coup d'œil à son œuvre, peut-être changer quelques mots, quelques signes de ponctuation... Pour toutes ces raisons, il faut faire une seconde épreuve.

On porte donc les deux formes à la presse. Sur le plateau ou *marbre* de cette presse, on pose d'abord la *forme de première*; on met de l'encre avec le rouleau. Une feuille de papier est étalée sur la forme encrée; on presse : voici huit pages imprimées d'un côté. Cela fait, on enlève la forme de première, on met la forme de seconde à sa place; on encre, on pose dessus la même feuille retournée, pour en imprimer l'envers. En un mot, on fait comme si on imprimait le livre; seulement on n'imprime qu'une seule feuille, et c'est encore une épreuve. Cette feuille pliée représente exactement un des *cahiers* qui formeront le livre; les pages sont imprimées des deux côtés et se suivent dans l'ordre convenable. Cette seconde épreuve est envoyée à l'auteur, comme la première. L'auteur lit de nouveau, et avec la plus grande attention; il marque les fautes qui auraient pu échapper à lui-même ou au correcteur la première fois, celles qui auraient été mal corrigées; enfin, s'il veut faire quelque changement encore, il l'indique.

Ces nouvelles corrections marquées, il s'agit de les exécuter, comme on a fait la première fois. La forme est rapportée sur le marbre de la table. — Mais, avons-nous dit, la forme, très fortement serrée à l'aide des coins enfoncés à coups de marteau, se tient maintenant tout d'un bloc; les pièces, les caractères, pressés l'un contre l'autre, ne peuvent plus bouger; il serait impossible d'arracher une lettre : on la casserait plutôt. Le typographe commence donc par desserrer sa forme, en chassant un peu les coins; il lâche un peu, il donne du libre. Et alors il pourra sans effort enlever avec sa pince les lettres à changer, et les remplacer par d'autres. Les corrections étant exécutées sur chacune des pages de la forme, on serre de nouveau les coins à coups de marteau, et tout redevient immobile. Les deux formes étant ainsi corrigées, le travail est achevé *pour cette feuille* : on les met de côté, en attendant le *tirage*. — Parfois cependant il est nécessaire de faire encore une nouvelle épreuve et une nouvelle correction.

Que de soins, n'est-ce pas? que de travail, quel souci attentif, que de retouches minutieuses! Vous doutiez-vous qu'une page de livre eût tant coûté? qu'il eût fallu s'y reprendre à tant de fois? Résumons : composition, mise en paquets, épreuve des paquets, première correction, mise en pages, imposition, seconde épreuve, seconde correction, quelquefois une troisième, une quatrième... Et tout n'est pas fini encore !

TIRAGE A LA PRESSE A BRAS

Le *tirage* des formes typographiques peut se faire de deux manières différentes : à la *presse à bras*, à la *machine*. Autrefois on tirait toujours à la *presse à bras* (c'est-à-dire à la presse mise en mouvement par les bras de l'homme); la *machine à imprimer à cylindres* est une invention toute moderne.

Déjà bien des fois nous avons parlé de la presse; et la description sommaire que nous en avons faite vous a suffi pour en comprendre, en gros, la structure. Vous savez, en gros aussi, comment elle fonctionne. Et cependant il vous reste bien des détails curieux à observer. Examinons d'un peu plus près l'intéressant appareil.

La presse est une lourde, épaisse machine de fer et de fonte, très délicatement ajustée pourtant. Cette grande et massive pièce de fonte, inébranlable, faite d'un seul bloc pour être plus résistante, et qui porte toutes les pièces *mobiles*, est ce qu'on appelle le *bâti*. — Vous savez déjà que la forme et la feuille de papier étendue au-dessus sont pressées entre une table horizontale, bien dressée, et une sorte de plateau placé au-dessus qui peut s'élever ou s'abaisser à l'aide d'une vis. Le plateau mobile porte le nom de *platine*; l'espèce de table de fonte sur laquelle on pose les formes s'appelle le

PRESSE A BRAS.

Le train de la presse est déroulé, le châssis est renversé, et la frisquette développée. — La forme est posée sur le marbre, l'imprimeur en pose une feuille sur le tympan. Le *toucheur* prend de l'encre sur la table à encrer avec son rouleau.

marbre, parce que dans les premières presses cette pièce était de marbre en effet. Mais le marbre de la presse n'est pas immobile sous la platine. Il peut glisser horizontalement sur une sorte de coulisse, comme un chemin de fer formé de deux rails. Cet ensemble est ce qu'on nomme le *chariot* ou le *train* de la presse. Par le moyen du chariot, le marbre peut être poussé sous la platine ; ou bien, au contraire, on peut le tirer en avant, de telle manière qu'il sorte complètement de dessous la platine : il est alors comme une vraie table parfaitement dégagée de tout obstacle, sur laquelle on peut travailler sans être gêné par rien. On fait mouvoir le *train* en avant ou en arrière, au moyen d'une manivelle. — Au-dessus de la platine vous apercevez cette grosse vis de fer, qui la fait monter et descendre. Pour faire tourner cette vis dans un sens ou dans l'autre, il y a un long levier de fer qui vient, se retournant, jusqu'au bord de la platine, à portée de la main de l'imprimeur : on le nomme le *barreau*. En tirant le barreau en avant on fait tourner la vis, et la platine s'abaisse d'une petite quantité, mais avec beaucoup de force.

Le mécanisme étant ainsi disposé, imaginez que sur le *marbre*, tiré en avant pour plus de commodité, on ait posé une *forme* encrée et qu'une feuille de papier blanc ait été étalée sur cette forme. En faisant glisser le marbre sur son chariot on peut l'amener sous la platine ; et alors cette platine, s'abaissant par le moyen du levier, viendrait presser la feuille de papier contre les caractères noircis.

Mais si l'on agissait ainsi sans autre précaution, bien des inconvénients s'ensuivraient. Et tout d'abord ce n'est pas la surface de la platine elle-même qui doit presser la feuille de papier contre la forme. Cette surface de métal est trop dure ; sa pression, trop brusque, écraserait le relief, l'*œil* des caractères, qui est d'un métal mou ; elle couperait la feuille de papier. Entre cette feuille et la platine il faut quelque chose de mou, qui cède un peu à la pression, une épaisseur d'étoffe souple, par exemple, qu'on étendrait sur la feuille de papier. — D'un autre côté, s'il fallait étendre à la main la feuille de papier sur la forme encrée, l'étoffe sur le papier, inévitablement le papier traînerait sur les caractères noircis, se salirait; et d'ailleurs toutes ces manœuvres seraient lentes difficiles. Il faut que cela se fasse *mécaniquement*, avec préci-s'.n, rapidement. C'est pourquoi on a combiné les *pièces ac-cessoires* et les procédés ingénieux que nous allons mainte-nant décrire. Suivons donc en détail les opérations délicates de la *mise en train*.

Le train est tiré en avant : la forme, serrée, est apportée et posée sur le marbre. Comme il faut qu'elle y soit assujettie de manière à ne pas pouvoir se déranger, on la fixe solide-ment en sa place à l'aide de coins de bois. — A l'extrémité du marbre opposée à la platine vous voyez, fixé par des char-nières, comme un dessus de boîte, une sorte de cadre de fer léger, qui peut se relever ou se rabattre à volonté; il peut même se renverser un peu en arrière, comme le couvercle d'une boîte que l'on ouvre se renverse un peu pour ne pas retomber sur les mains tandis que la boîte est ouverte... Sur ce cadre, qu'on nomme le *tympan*, sont tendues bien raides, comme une peau de tambour, une feuille de parchemin, puis une étoffe de soie. Entre le parchemin et la soie on dispose en outre, pour rendre la pression plus douce, une molle étoffe de drap blanc bien dressée, que l'imprimeur appelle un *blanchet*. Le tout forme la *garniture* du tympan.

Sur l'étoffe de soie, au moment de la mise en train, l'imprimeur fixe d'abord, en la collant par ses coins seule-ment, une feuille de papier toute semblable à celle que l'on va imprimer : c'est ce qu'on appelle la *marge*. Cette marge est disposée de telle sorte qu'en rabattant le tympan elle vienne s'appliquer bien droit et bien juste sur la forme. Cela fait, il est évident que, le tympan étant relevé, si on pose la feuille à imprimer bien juste sur la marge, en rabattant le tympan cette feuille aussi viendra d'elle-même se poser sur la forme encrée dans la situation exacte qu'elle doit avoir, sans tâtonnement et sans traînage.

Mais si nous nous contentions d'étaler la feuille à imprimer sur la marge, sans que rien la retînt, tandis qu'on rabat le tympan, elle se dérangerait certainement. Puis, entre les pages dont les caractères sont en saillie, il y a, comme vous le savez, des pièces plus basses, des coins de bois qui ne doivent pas marquer; le moindre pli, le moindre gonflement de la feuille mal fixée ferait toucher le papier à ces pièces ou à ces coins toujours un peu noircis d'encre : les marges de nos feuilles seraient tachées. Pour éviter tous ces inconvénients, voyez ce qu'on a fait : à l'extrémité du cadre du tympan, celle qui s'abaisse et se relève, on a fixé par des charnières un autre cadre de fer, plus léger encore, qu'on nomme la *frisquette*. Sur ce cadre on tend une sorte de carton formé de plusieurs feuilles de papier collées l'une sur l'autre. Puis, dans ce carton, on découpe avec des ciseaux autant de petites fenêtres qu'il y a de pages sur la forme; en sorte que la *frisquette* ainsi découpée présente tout à fait l'aspect d'une croisée à petits barreaux. Les petites fenêtres sont découpées de telle sorte que, si l'on pose cette croisée de carton sur la forme, les reliefs des caractères apparaissent à travers les vides; tandis que les barreaux de carton léger couvrent tout le reste : le fer du châssis, les pièces, les coins. La frisquette s'ouvre sur ses charnières, ainsi que vous voyez sur la figure, et en se renversant un peu, comme le tympan. Lors donc qu'il voudra imprimer une feuille, l'ouvrier relèvera d'abord le tympan, puis encore, par-dessus, la frisquette. Il étalera une feuille de papier sur la marge, la faisant joindre bien exactement tout autour et la dressant bien de la main, mais sans l'attacher. Cela fait, d'un mouvement rapide il rabattra la frisquette, en sorte que cette feuille, prise maintenant entre le carton découpé de la frisquette et la garniture du tympan, ne puisse plus se déranger. Puis, du même tour de main adroit, il rabattra le tympan. Le relief encré des pages de la forme, passant à travers les vides de la frisquette, se présentera au contact du papier;

les petits barreaux de carton de la frisquette soutiendront
la feuille, et l'empêcheront de porter sur les pièces et les
coins noircis.

Mais avant de terminer tous ces minutieux préparatifs,
aussitôt que la forme a été assujettie sur le marbre et le tympan disposé, l'imprimeur s'est hâté de tirer une nouvelle
épreuve. Celle-ci s'appelle la *tierce*, c'est-à-dire la *troisième*;
et en effet, ainsi que vous vous le rappelez, il y en a eu au
moins deux de tirées et de corrigées déjà; le plus souvent
même il y en a eu davantage. Cette dernière n'est pas envoyée à l'auteur, mais seulement portée au *correcteur* de
l'imprimerie, qui, tandis que l'imprimeur achève sa mise en

ROULEAU A ENCRER.

train, lit avec le plus grand soin, et corrige une dernière fois.
S'il y a encore quelques lettres à changer, il faudra, sans ôter
la forme de dessus le marbre de la presse, *desserrer ses coins*,
exécuter les corrections, puis *serrer de nouveau la forme*.

Pendant ce temps, un autre imprimeur, de son côté, pré-
pare ce qui est nécessaire pour mettre de l'encre à la forme.
— Nous savons déjà que cette opération se fait au moyen
d'un rouleau enduit d'une encre épaisse et grasse, que l'on
passe sur le relief des lettres. — Ce rouleau est formé d'un
long barreau de bois recouvert d'une épaisse couche de
matière molle, élastique, en sorte qu'en le promenant sur la

forme il n'écrase pas le relief délicat des lettres. Cette matière, c'est la *gélatine*, c'est-à-dire la colle forte de menuisier, laquelle matière est molle et élastique à la condition de ne pas sécher complétement, de demeurer très humide : de plus, cette gélatine, détrempée avec une quantité d'eau convenable, est mélangée d'autant de *mélasse*, substance sucrée, brune, noire et filante que vous connaissez, afin de la rendre plus molle encore et moins facile à dessécher. Ce rouleau est alors ajusté dans une monture de fer pourvue de deux manches, par lesquels on le saisira pour le rouler sur la forme. Mais pour que le rouleau, en passant sur les lettres, leur mette de l'encre, il faut que lui-même il soit enduit d'encre sur toute sa surface, et bien également. Pour cela on le promène, on le roule en tous sens sur une table de bois — qui elle-même est enduite d'encre.

TABLE A ENCRE.

D, rouleau encrier. — M, Manivelle pour le faire tourner. — R, Rouleau à encrer posé sur la table.

L'encre d'imprimerie est une sorte de peinture noire, grasse, demi-fluide seulement, qu'on fabrique en délayant du *noir de fumée*, très finement broyé, avec une sorte d'huile, *l'huile de lin*, qui est *siccative*, c'est-à-dire qui a la propriété de sécher à l'air, quand elle est étalée à la surface des objets. — Voici donc, non loin de la presse, la table à encrer. Vous voyez : c'est une simple table de bois à quatre pieds, bien dressée. Le long d'un des bords de cette table est disposé ce que vous pourriez appeler *l'encrier* : c'est une longue gouttière de métal remplie de cette peinture noire gluante. Un bord de cette gouttière est formé par un long rouleau de bois qui trempe par un côté dans l'encre, et qu'on peut faire tourner avec une manivelle.

· Il est évident que si nous faisons faire un tour à ce rouleau, il va être tout entier couvert d'une épaisse couche d'encre. Lorsque l'imprimeur veut prendre de l'encre, il lui suffit de toucher légèrement de son rouleau mobile, qu'il tient par les deux manches, le rouleau de la gouttière. Cette petite quantité d'encre que le rouleau a prise ainsi, il s'agit maintenant de l'étaler bien uniformément sur la table : c'est ce que l'ouvrier fait, en promenant, roulant, faisant aller et venir son rouleau en tous les sens, sur cette table. La table se couvre d'encre, le rouleau aussi. Cela s'appelle *distribuer* l'encre. L'ouvrier alors porte son rouleau noir à la presse, le roule trois ou quatre fois sur la forme; les reliefs des caractères prennent au rouleau de l'encre qu'ils porteront à leur tour sur le papier : c'est ce qu'on nomme *toucher*. A chaque feuille imprimée, il faudra de nouveau *distribuer* en passant le rouleau sur la table, puis toucher la forme avec le rouleau. L'ouvrier chargé de cette fonction se nomme le *toucheur*.

Tandis que nous examinons ces choses, la *tierce*, revisée par le correcteur, a été rapportée ; les corrections qui y sont marquées ont été faites. Tout est-il prêt enfin ? — Un instant encore. Voici le toucheur qui vient de passer le rouleau à encre sur la forme : l'imprimeur pose une feuille de papier sur le tympan, le rabat, pousse le train sous la presse, et tire...... une épreuve. Seulement, celle-ci est pour lui-même. C'est ce qu'il nomme une épreuve de mise en train. Sur cette feuille imprimée il examine si le *foulage* (c'est-à-dire la pression) est bien égal dans toute l'étendue de la feuille, si les lettres *viennent* également bien partout. — Quand une feuille de papier s'imprime, toujours par l'effet de la pression le papier est légèrement *refoulé*, comme enfoncé par le relief des lettres; d'un côté il est un peu creusé, de l'autre *gauffré* en relief. Si, en certaines parties de la feuille, il y a trop de *fou-*

lage, le papier, à ces endroits, est trop fortement refoulé et gaufré, les lettres le défoncent presque; elles marquent trop large; elles forment sur la page des *forts*, c'est-à-dire des endroits trop noirs. Si en d'autres endroits il n'y en a pas assez de foulage, les lettres ne marquent pas assez fortement, il y a ce qu'on appelle des *faibles*. Pour remédier à ces défauts le moyen est facile. Y a-t-il trop peu de pression en un endroit, il suffit d'augmenter de très peu l'épaisseur des *garnitures* à cette place ce qui rendra la pression plus forte. Pour cela, en face de la partie *faible*, l'imprimeur colle sur sa marge — vous n'avez pas oublié ce que c'est — une feuille de papier; deux, si l'épaisseur d'une seule n'est pas suffisante. Y a-t-il trop de foulage en un point, il suffit de diminuer à cet endroit l'épaisseur de la garniture, ce qui rendra la pression plus faible. Pour cela l'imprimeur découpera dans sa *marge*, avec des ciseaux, un vide à l'endroit correspondant : ce sera une épaisseur de papier en moins. Ah! il ne faut pas grand'chose! — Lorsque, tirant une épreuve, l'imprimeur juge que les pages *viennent* bien, c'est-à-dire que les lettres s'impriment nettement et également partout, une chose encore lui reste à faire. Il prend deux petites lames d'acier qui portent chacune une pointe très-fine : c'est ce qu'on appelle les *pointures*. Il fixe ses pointures, une de chaque côté, au moyen de vis, au cadre du tympan, de telle sorte que ces petites lames s'avancent sur la *marge* collée au tympan. Et étalant sur cette marge la feuille qui devra être imprimée, les pointes des pointures feront dans la feuille deux petits trous comme deux piqûres d'épingle. Les pointures sont placées de manière que ces trous se trouvent juste où sera le pli de la feuille, lorsque celle-ci étant imprimée sera pliée pour former le livre. L'utilité de ces petites piqûres vous sera expliquée bientôt.

Les feuilles de papier sont imprimées sèches quelquefois, mais plus ordinairement humides, légèrement moites : l'impression est plus facile. Si donc le papier doit être tiré humide, il faut le mouiller avant de l'apporter à la presse. Deux jours avant le tirage, on fait le *mouillage* du papier. Un ouvrier prend une *main* (25 feuilles) de papier, la plonge rapidement dans l'eau, ou bien l'*asperge* avec un petit balai trempé dans l'eau; il mouille ainsi successivement toutes les mains du papier. A ce moment il est bien évident que la feuille de dessus qui a été plongée dans l'eau ou arrosée est toute trempée; que celles de l'intérieur, l'eau n'ayant pas encore traversé, sont toutes sèches. On entasse toutes ces mains de papier superposées sous une grosse presse, une sorte de pressoir; on les serre fortement, on les laisse passer la nuit ainsi. L'humidité, gagnant alors lentement, de proche en proche, se répand peu à peu dans toute la masse : les feuilles trop mouillées cèdent de leur eau, qui passe aux feuilles trop sèches. Afin que l'humidité se répande également partout, l'ouvrier, le lendemain, *remanie* son papier, c'est-à-dire mêle les feuilles dans un autre ordre, les échangeant les unes avec les autres; puis il les remet sous presse pour un jour encore. Cela fait, les feuilles ont toutes une humidité légère et bien égale. — Voici qu'on apporte le papier humecté : on le dépose, en pile, à côté de la presse, sur une table qu'on nomme le *pupitre*. La longue préparation, la *mise en train* est achevée enfin ! Le *tirage* commence.

Pour le tirage à la presse à bras, deux ouvriers travaillent ensemble : l'imprimeur qui fait mouvoir la presse, le *toucheur* qui met l'encre. Le travail est réparti entre les deux et s'exécute avec ordre et précision. Le train de la presse est *déroulé*, c'est-à-dire que le *marbre* est tiré en avant; le tympan est relevé, et la frisquette par-dessus le tympan. L'imprimeur prend sur le *pupitre* une feuille du tas de papier, l'étale bien juste, et sans pli, sur sa *marge*; pendant ce temps le toucheur passe son rouleau sur la forme à trois ou quatre reprises. Cela fait, l'imprimeur rabat la frisquette sur le tympan, pour maintenir le papier, puis le tympan sur le marbre : ces deux mouvements se font d'un seul tour de main adroit et rapide; c'est ce que l'imprimeur appelle *faire le moulinet*... Le tympan rabattu, la feuille est appliquée sur la forme encrée; il s'agit de donner la pression. Faisant tourner sa manivelle, l'imprimeur *roule le train*, c'est-à-dire fait glisser le *marbre* avec tout ce qu'il porte, sous la *platine*. De l'autre main il saisit la poignée du *barreau* (levier qui fait mouvoir la vis), et le tirant en avant, d'une main ferme et sans secousse, il fait descendre la platine, il presse, il imprime la feuille. La platine se relève; l'imprimeur *déroule le train*; le tympan est dégagé de dessous la platine : il le relève, développe la frisquette, enlève la feuille imprimée, la pose, étalée, sur la table. Le *toucheur*, qui a profité de ce moment pour encrer et *distribuer*, approche avec son rouleau pour *toucher* de nouveau la forme. — La même série d'opérations se répète régulièrement, jusqu'à ce que toutes les feuilles soient tirées. De temps en temps l'imprimeur et le toucheur jettent un coup d'œil rapide sur la feuille qui vient de sortir de dessous la presse, pour voir si rien ne se dérange, si les lettres sont marquées partout nettement, également.

Les feuilles ne sont encore imprimées que d'un côté; il faut qu'elles passent à un second tirage qui imprime l'autre côté avec l'autre forme : opération qui porte le nom de *retiration*. La *forme de première* est donc enlevée; on pose à sa place, sur le marbre, la *forme de seconde*; et pour celle-ci, le travail de la mise en train recommence presque en entier : *tierce*, correction, ajustage de la marge, etc. Cela fait, le tas de feuilles est *retourné* ainsi qu'il est nécessaire pour que les pages du second côté viennent s'imprimer à leur place : de la sorte toutes les feuilles à la fois sont retournées, et il n'y aura plus à s'en occuper. — Mais pour la *retiration* une précaution est à prendre. Il importe que les pages du second côté s'impriment bien juste sur celles du premier côté : cette coïncidence parfaite est ce que l'ouvrier appelle le *registre*. Et pour cela, que faut-il? Que la feuille de papier soit posée sur le tympan bien juste à la même place qu'au premier tirage. — Or, vous souvenez-vous de ces *pointures*, que nous avons vu poser par l'imprimeur lors de la mise en train première? Lors du premier tirage, ces pointes ont fait sur chaque feuille deux petits trous : à la retiration, l'imprimeur, en posant sa feuille, a soin que les pointures viennent piquer dans les mêmes trous; ou plutôt, si vous voulez, il *enfile* les trous de sa feuille dans les pointures. De la sorte il est sûr que sa feuille occupe sur le tympan exactement la même position cette fois qu'au premier tirage, et que, par suite, les pages viendront exactement s'imprimer sur celles du côté opposé.

TIRAGE A LA MACHINE

Nous avons étudié avec quelque détail le tirage *à la presse à bras*, parce que c'est l'ancien procédé, le procédé *historique*, celui qui n'a été que très peu modifié depuis le premier inventeur. C'est maintenant encore le meilleur, le plus parfait; et quand on veut imprimer un livre avec la plus grande perfection possible, on l'imprime à la presse. Rien n'a encore pu remplacer pour ces ouvrages délicats la main adroite et l'intelligence de l'ouvrier.

Aujourd'hui, vous le savez, mes jeunes lecteurs, on veut tout faire, on fait tout à la *mécanique*... Cela a bien des inconvénients! Mais il y a aussi des avantages; il y a *nécessité* surtout. Il faut aller vite! Il faut en toute chose produire beaucoup, et rapidement, à bon marché, pour tout le monde : des étoffes, des objets, des meubles — du papier, et aussi des livres. Il faut donc imprimer beaucoup, et très rapidement, dût l'impression être un peu moins parfaite, afin qu'un livre coûte peu, que tous puissent l'acheter. Voilà pourquoi nous devons regarder les *machines à imprimer* comme une très belle et très utile invention, un grand bienfait, un moyen excellent de répandre les livres, et avec les livres, l'instruction, la science, la pensée. — Il y a un grand nombre de *machines à imprimer*, différentes entre elles; et d'ailleurs toutes très compliquées. Je ne saurais donc vous les décrire en détail : je veux du moins vous en faire comprendre le principe.

Imaginez une forme encrée posée sur la table, une feuille de papier étendue dessus. Si, au lieu de presser toute la surface de cette feuille au moyen d'une plaque bien dressée, je passe dessus un gros rouleau, en appuyant assez fortement; quand le rouleau aura passé sur toute la feuille, toutes les parties, les unes après les autres, auront été pressées contre la forme, et la feuille se trouvera imprimée. La même chose aurait lieu encore si, au lieu d'étendre la feuille de papier sur la forme, nous l'avions enroulée sur le cylindre. En faisant rouler le cylindre sur la forme, toutes les parties de la feuille successivement viendront toucher les lettres noircies, et prendront l'empreinte. — C'est compris.

Eh bien, maintenant, supposez qu'au lieu de rouler le cylindre sur la forme fixe, ce cylindre soit tenu fixe, à une petite distance au dessus de la table, libre seulement de tourner sur son *axe* (essieu), et qu'on fasse glisser dessous la forme encrée : le mouvement est inverse, mais le même effet est produit. Le cylindre tourne sur lui-même, et la feuille qui le recouvre se trouve pressée sur la forme à mesure que celle-ci glisse en dessous, appuyant les lettres sur le papier. Voilà le principe de la *presse mécanique à cylindre*.

Voyez les conséquences de cette idée de *renverser* pour ainsi dire les choses. Pour *encrer* une forme, on promène, n'est-ce pas, un rouleau noirci sur cette forme. On pourrait, tout aussi bien, faire passer la forme *sous* le rouleau, qui serait fixe, libre de rouler seulement; les lettres de la forme viendraient, en passant, prendre de l'encre à la surface du rouleau. — Mais pour *encrer* le rouleau lui-même, que fait-on? On le promène, avons-nous dit, sur une table enduite d'encre. Eh bien ! au lieu de cela, s'il nous semble plus commode, nous pouvons, inversement, faire passer la table enduite d'encre *sous* le rouleau. Ainsi sont disposées les choses dans la presse mécanique la plus ordinaire, dont vous pouvez distinguer les principales pièces sur la figure ci-jointe. Une large table bien dressée va et vient en glissant sur une sorte de chemin de fer, à peu près comme le *train* de la presse à bras. A l'un des bouts de cette table est posée la forme. Dans son mouvement de va-et-vient, la forme passe sous le *cylindre imprimeur*, qui est de fonte, parfaitement travaillé, et garni autour d'étoffes produisant le même effet que celles du tympan de la presse, c'est-à-dire ayant pour but d'adoucir la pression. La feuille à imprimer est enroulée sur ce cylindre : au passage de la forme elle reçoit donc, d'un côté, l'empreinte des lettres. La table, revenant alors en arrière, la forme va passer et repasser *sous des rouleaux à encrer*, qui lui fournissent de l'encre : et, tandis que le mouvement de la table ramène la forme sous le cylindre, une autre partie de cette même table sur laquelle de l'encre a été *distribuée*, passe *sous les rouleaux*, et vient leur donner de l'encre. — Et qui étale l'encre sur la table elle-même ? — D'autres rouleaux noircis, sous lesquels elle vient passer ensuite, dans le mouvement de retour. — Et qui la donne à ceux-ci ? — Un autre rouleau encore, qui, par un mouvement mécanique, va prendre de l'encre au *rouleau-encrier*, situé tout à l'extrémité, à peu près comme fait le toucheur en prenant avec son rouleau à bras l'encre qu'il va distribuer sur la table. Vous voyez que la machine imite, autant que possible, le travail intelligent de la main humaine. — Or s'il fallait, à chaque fois, étendre à la main la feuille de papier sur le *cylindre imprimeur*, ce serait un long retard ; la machine fait encore cela elle-même. Un ouvrier imprimeur prend la feuille, la pose sur une sorte de pupitre établi sur la machine, près du cylindre. La feuille ainsi pré-

sentée touche même le cylindre par son bord. Au moment
convenable, de petites griffes de métal, fixées sur le cylindre
saisissent au passage le bord de la feuille, et le cylindre,
en tournant, l'enroule bien régulièrement autour de lui.
De petits rubans suivent la feuille, s'enroulant avec elle,
et, la pressant contre le cylindre, la guident, l'empêchent
de se déranger. Le cylindre ayant fait un tour, la feuille est
imprimée : elle sort du côté opposé; un autre ouvrier la
saisit, la tire vers lui, la dégage et la pose sur le tas où sont
déposées les feuilles déjà imprimées. — L'autre côté de la
feuille sera tiré en une autre fois, et de la même manière;
il y a même des machines, plus compliquées encore, qui,
lorsque la feuille est imprimée d'un côté, la saisissent, la
retournent sur l'envers et la font passer ainsi retournée à un
second cylindre, qui imprime aussitôt de l'autre côté. Or
pour que tout ce fonctionnement se fasse avec régularité, que
la feuille soit bien et nettement imprimée, il a fallu d'abord,
comme pour la presse à bras, faire avant le tirage une *mise
en train*, c'est-à-dire disposer, régler dans le plus minutieux
détail le jeu de toutes les pièces de la machine. Cela fait, l'imprimeur dit : *Roulez!* La machine *roule*, le mouvement de va-
et-vient de la table, celui du cylindre, des rouleaux, se fait
régulièrement, rapidement, sans interruption : les ouvriers
n'ont plus qu'à donner les feuilles à la machine, à les recevoir
tout imprimées, à surveiller et à guider la marche de l'appareil. La *machine à imprimer* est mise en mouvement par une
machine à vapeur. Dans une grande imprimerie, plusieurs
machines travaillent à la fois, et le même *moteur* les fait marcher toutes. Les machines à imprimer les journaux sont de
dimensions énormes, et surtout marchent avec une vitesse
prodigieuse. Mais les journaux ne sont pas des livres; nous
ne nous y arrêterons pas.

MACHINE A IMPRIMER DOUBLE.

A gauche, un ouvrier présente une feuille de papier au cylindre, dont les griffes vont saisir la feuille. — A droite, un apprenti reçoit la feuille imprimée sortant de dessous le cylindre. — L'imprimeur examine une des feuilles tirées, pour vérifier si la machine fonctionne régulièrement.

Ainsi, comme il vous souvient, les feuilles ont été imprimées légèrement humides. On ne saurait les conserver longtemps en cet état ; le papier se gâterait. A mesure donc que les feuilles sont tirées sur le second côté, on les porte au *séchage*. Cette opération peut se faire de la manière la plus simple, en étendant les feuilles à l'air libre sur des ficelles tendues, absolument comme la ménagère s'y prend pour faire sécher son linge. Mais il vaut mieux étaler les feuilles dans une *étuve*, c'est-à-dire dans une chambrette doucement chauffée par un *calorifère*, une sorte de poêle disposé d'une façon plus ou moins ingénieuse, donnant une chaleur modérée et bien égale.

Ce n'est pas tout encore ; les feuilles séchées doivent passer au *satinage*. Le satinage a pour but d'effacer les petites gaufrures qu'ont faites sur le papier les reliefs des lettres, lors de l'impression, l'empreinte du *foulage* qui rend le papier inégal. Pour cela on empile les feuilles tirées en une haute pile bien droite, *intercalant* sous chacune une feuille de zinc polie. Cette pile se construit sous le plateau d'une forte presse que l'on appelle la *presse à satiner*, appareil tout à fait analogue à un simple pressoir. On serre très fortement ; les feuilles comprimées s'aplanissent, s'écrasent pour ainsi dire un peu ; en sortant de la presse, elles sont lisses et luisantes. Dans certaines imprimeries, le satinage se fait un peu différemment : les feuilles sont superposées par petites piles minces de vingt ou vingt-cinq, avec autant de feuilles de métal poli interposées ; puis on fait passer ce paquet entre les deux cylindres d'une machine semblable à un *laminoir*. Les deux cylindres tournent en sens contraire : on leur présente le paquet, qui se trouve saisi, entraîné. Or la distance des cylindres a été réglée un peu plus petite que l'épaisseur du paquet ; celui-ci, contraint de passer par cet intervalle trop

étroit, s'aplatit au passage ; les feuilles de papier sont fortement comprimées, de même que sous la presse. Les feuilles
passées au satinage paraissent beaucoup plus fines, plus nettes
pour l'œil, plus douces au toucher ; le papier semble plus
beau. — Souvent même, pour certains ouvrages qui doivent

PRESSE A SATINER.
Un paquet de feuilles passe entre les cylindres de la machine.

être imprimés avec beaucoup de perfection, on fait passer
les feuilles sous la presse ou entre les cylindres, non pas
seulement après l'impression, mais aussi et de plus avant le
tirage, lorsqu'elles sont humides ; le papier, rendu plus lisse,
reçoit une impression plus nette et plus belle. Ce passage à la
presse des feuilles blanches avant le tirage se nomme le *glu-*

çage. — Les feuilles satinées sont empilées en grands tas.

Or une feuille n'est pas un livre. Dans le plus modeste ouvrage, tel par exemple que celui-ci, il y a une douzaine de feuilles. Douze feuilles, cela fait vingt-quatre tirages successifs. Cette feuille que nous venons de voir tirer, sécher, satiner, et dont il y a, je suppose, dans la pile, cinq, ou dix, ou vingt mille *exemplaires* identiques, elle attendra là que toutes les feuilles du livre viennent l'une après l'autre la rejoindre, à mesure qu'elles seront tirées. — C'est fait. Voyez-vous dans ce grand magasin sombre, ces douze ou vingt, ou trente piles hautes, larges, lourdes, de feuilles entassées, couvertes d'une enveloppe de papier d'emballage qui les garantit de la poussière? C'est notre livre. Il dort.

DISTRIBUTION

Laissons-le dormir, en attendant qu'on vienne prendre les feuilles pour les porter chez le relieur, et pensons à autre chose. Occupons-nous, par exemple, du sort de ces *formes* qui ont servi à l'imprimer.

Toutes ces lettres, par mille, par centaines de mille, qui ont été assemblées pour le composer, il faut maintenant les séparer, leur rendre la liberté... pour qu'elles puissent servir à composer un autre livre. Ces a, ces e, ces m, etc., qui m'ont servi à vous faire savoir *comment on fait un livre*, — ils vont être dispersés... que dis-je? ils sont déjà partis! Où sont-ils? Qu'en va-t-on faire? Je n'en sais rien. Chose bizarre à penser : peut-être sont-ils, dans ce moment, employés à former les pages d'un livre d'histoire — ou celles d'un livre de poésie; peut-être vont-ils aller exprimer les idées graves, sérieuses, d'un savant, dans quelque livre de science; ou bien, qui sait? narrer les aventures absurdes d'un conte à dormir debout! — Eh bien, n'est-ce pas justement là l'invention merveilleuse des caractères *mobiles*, qui permet de les com-

biner de mille et mille façons différentes, successivement,
pour rendre les pensées les plus diverses?

Chaque forme imprimée est donc desserrée; on enlève les
pages, puis ces pages elles-mêmes vont être décomposées,
lettre à lettre. Mais faisons bien attention : il ne s'agit pas seulement de séparer les lettres; il faut les remettre chacune à
leur place dans les *cassetins* de la *casse*, ou dans des boîtes
distinctes; les a avec les a, les b avec les b, les points avec les
points, les espaces avec les espaces. C'est ce qu'on appelle
distribuer. Ce travail, comme vous voyez, est exactement l'inverse de la composition. L'ouvrier place un paquet de lignes
à distribuer sur sa galée, afin qu'elles soient bien à sa
portée; il prend dans la main gauche un certain nombre de
lignes, puis il saisit entre l'index et le pouce deux ou trois mots.
Il les lit, puis d'une main adroite et rapide il laisse tomber
chaque lettre dans le cassetin où elle doit aller rejoindre
ses semblables. — Et les voilà toutes prêtes à recommencer.

Mais une réflexion. Un livre a été tiré, par exemple, à
10000 exemplaires. — Or, dites-vous, voilà qu'au bout d'un
certain temps, un an, ou dix ans, peu importe, tous ces
exemplaires sont vendus; il n'en reste plus. — Tout est
vendu? Ah! fort bien. C'est ce qu'on exprime en disant que
l'*édition* est *épuisée*. Cela fait bien plaisir à l'éditeur; à l'auteur aussi. — Mais il en faut d'autres. — On va *réimprimer*
le livre. Cela s'appelle faire une *nouvelle édition*. Il y a des
livres dont on fait non pas seulement deux, ou trois, mais
dix, vingt éditions successives, quelquefois plus.

— Réimprimer le livre... mais faudra-t-il donc recommencer à composer tout, ligne par ligne, lettre par lettre?—Sans
doute. Vous savez bien que les lettres ont été *distribuées*, une
fois le livre tiré. Tout a été non pas détruit, mais décomposé,
transformé. On recommencera donc à composer, exactement
comme la première fois; seulement, au lieu de donner au
compositeur la *copie*, c'est-à-dire le manuscrit de l'auteur, le-

quel manuscrit n'existe plus sans doute, on lui donnera un exemplaire de la première édition. Il le reproduira exactement. L'auteur veut-il faire quelques petits changements : il prend un exemplaire de la première édition, marque *en marge* les corrections, les changements qu'il veut faire, ce qu'il croit devoir ajouter ou retrancher. Cet exemplaire sera remis au compositeur, qui tiendra compte des changements ; nous aurons du livre une *nouvelle édition, revue et corrigée*, comme dira le titre. Parfois même les changements faits par l'auteur sont très considérables ; une partie très notable du livre est pour ainsi dire écrite de nouveau. La seconde édition, très différente alors de la première, est dite *refondue*, ou *considérablement améliorée et augmentée*. Souvent vous verrez, sur un titre de livre, de pareille mentions ; vous savez maintenant ce qu'elles signifient.

Mais lors au contraire que la seconde édition doit être toute semblable à la première, n'est-ce pas vraiment dommage d'être obligé de recommencer tout le travail de la composition, de la mise en pages ? — N'aurait-on pu, dites-vous, garder les *formes* toutes faites ? — On l'aurait pu évidemment. Mais alors tout le *caractère* employé serait resté pendant tout ce temps inutile ; or il faut qu'il serve à composer d'autres livres. — Et il n'y a pas d'autre moyen ? — Si, il y a un moyen ; et ce moyen a été inventé par un très habile homme, un imprimeur célèbre, dont nous avons déjà prononcé le nom, Didot. Cette ingénieuse invention, considérablement perfectionnée depuis, est appelée la *stéréotypie*, d'un mot grec qui signifie *emploi de types fixes*, non mobiles. Voici comment on s'y prend aujourd'hui.

STÉRÉOTYPIE

Imaginez une page composée de caractères mobiles, bien ajustés, fortement serrés : les reliefs des lettres font saillie.

Supposez que nous fassions, sur cette page, un *moule* en creux ; que dans ce moule nous versions du métal fondu. En retirant du moule le métal refroidi, nous aurons une plaque portant des reliefs, toute semblable à la page composée ; seulement cette plaque moulée est d'une seule pièce. C'est une sorte de *cliché*, qui peut être imprimé absolument comme la page composée elle-même. Cela fait, on peut décomposer la page, la distribuer ; se servir des lettres pour composer un autre ouvrage, ou une autre page du même ouvrage : le cliché reste. On le gardera aussi longtemps qu'on voudra. Voilà le principe de l'invention. Voyons maintenant la mise en œuvre. Elle est très simple.

La page composée, corrigée, avant ou après le tirage, peu importe, est portée au *clicheur*. Il s'agit d'abord de faire le moule. Autrefois on le faisait en plâtre. Après avoir formé une sorte de cuvette en attachant une bande de carton autour de la page, on versait du plâtre coulant sur la surface bien graissée des caractères. Le plâtre, en quelques instants, durcissait ; on dégageait doucement la page, et il restait, dans le bloc de plâtre formé, une empreinte en creux qui était le moule. Aujourd'hui on préfère habituellement faire le moule en papier...

On a d'abord préparé une sorte de feuille de carton, mince et souple, en collant l'une sur l'autre, avec de la colle de pâte ordinaire mélangée de craie en poudre, une feuille de papier un peu fort, et trois ou quatre feuilles de papier fin et léger. Cet ensemble forme ce qu'on appelle un *flan*. La page dont on veut faire l'empreinte, maintenue dans un châssis avec des coins, comme s'il s'agissait de l'imprimer, afin qu'aucune lettre ne puisse se déranger, est posée sur le *marbre* d'une table. Après avoir nettoyé, puis graissé avec un peu d'huile la surface du caractère, afin que le papier ne s'y colle pas, l'ouvrier étale sur sa page le *flan* préparé tout frais, tout humide, et par conséquent très souple et très flexible, facile à déchirer ;

il le pose, le papier mince en dessous, touchant les lettres, le papier fort en dessus. Puis, prenant une brosse, il frappe à petits coups légers sur le *flan*. Cette sorte de carton humide et mou s'enfonce un peu dans les creux, se *gauffre* sur les reliefs des lettres. Quand le travail est assez avancé, le *clicheur* passe sur le flan avec un pinceau une couche de colle mêlée de craie, y étale une autre feuille de papier, pour le *renforcer* en formant une plus grande épaisseur; puis il recommence à frapper, un peu plus fort cette fois, avec sa brosse. Il collera de même une seconde feuille de papier, une troisième s'il est nécessaire, toujours en tamponnant de sa brosse, et de plus en plus fort. Le flan ainsi pressé s'est moulé sur l'*œil* du caractère; mais il est encore mou : il faut le sécher sans le déformer. Pour ce, on porte la page, avec le flan toujours étendu à sa surface, sur une plaque de fonte doucement chauffée en dessous par un petit fourneau. Le flan est bientôt sec; on le détache facilement du caractère. On a alors une sorte de carton fin, mince, raide, qui garde l'empreinte bien nette des lettres; il servira de moule. On va verser dessus le métal fondu. — Mais le papier va brûler!... direz-vous. — Non pas! Le *métal à caractères*, comme je l'ai dit, est *très fusible*. Si on le chauffe seulement assez pour le faire fondre, et non davantage, il ne brûlera pas le moule de papier. Tout au plus ce moule sera un peu roussi; peu importe.

L'ouvrier clicheur pose d'abord son flan sur une épaisse plaque de fonte bien dressée, le côté *moulé* en dessus. Si vous y jetiez un coup d'œil alors, vous verriez les empreintes en creux des lettres de la page, et une certaine largeur droite et plate débordant autour, formant une sorte de marge sur les quatre côtés de la page. Sur trois des quatre marges on dispose trois petites règles plates de fer, d'égale épaisseur, en ayant soin de les faire bien joindre aux coins; puis sur ces réglettes on pose une autre plaque de fonte, également bien dressée, qu'on assujettit fortement au moyen d'une grosse vis. Cela fait, nous avons un espace creux, un moule dont le *flan* forme une des parois. L'ouvrier redresse ce moule, et par le côté resté ouvert, comme par un entonnoir, il verse, avec une cuiller de fer, du métal fondu. Le métal remplit le vide, pénètre dans les gauffrages du flan ; en un instant il est refroidi et solidifié. On desserre la vis, on enlève la plaque de fonte qui sert de dessus ; on voit la plaque de métal solidifié, nette et brillante, de forme *rectangulaire* : c'est le cliché. Il n'y a plus qu'à le détacher du flan. Le cliché ainsi formé est exactement semblable à la page de caractères mobiles qui a servi à former le moule ; mais il est d'un seul bloc, et n'a que quatre ou cinq millimètres d'épaisseur environ. Nous avons supposé une seule page à *prendre empreinte* et à *couler*, afin d'abréger notre description. Mais le plus ordinairement on fait l'empreinte avec le flan, non pas d'une page séparée, mais d'une forme entière, contenant plusieurs pages. Le travail est le même ; seulement il est plus rapide, puisque toutes les pages d'une forme sont moulées et coulées à la fois, et non pas l'une après l'autre. Le *cliché* produit donc une vaste plaque mince, où toutes ces pages tiennent ensemble. On les sépare facilement avec une scie ; on coupe net leurs bords tout autour ; puis ces bords sont dressés avec une sorte de rabot.

Comme les clichés sont absolument semblables aux pages composées de caractères mobiles, on peut les imprimer de même. Mais ils sont minces, et il ne serait pas possible de les maintenir, avec des coins, dans les châssis. Pour éviter toute difficulté, il y a un moyen bien simple : chaque page clichée peut être fixée, avec quelques pointes, sur un petit bloc de bois de chêne, bien dressé, ayant la largeur et la longueur exactes de la page, et la *hauteur*, c'est-à-dire l'épaisseur nécessaire. On peut aussi poser les pages clichées sur des blocs, non pas de bois, mais de métal, en les assujettissant avec de petites griffes de fer ingénieusement disposées ; ce procédé est encore plus commode.

Imaginez que toutes les pages d'une feuille aient été ainsi reproduites en *clichés*. On veut *tirer* cette feuille : rien de plus simple. On prend les pages, facilement reconnaissables par leurs numéros; on les *impose* sur un marbre dans l'ordre voulu, à l'intérieur d'un *châssis*, sur leurs *hausses* de bois ou de métal. Avec quelques coins de bois on les fixe dans ce châssis : voilà la *forme* prête. On en fait autant pour la seconde forme, destinée au second côté de la feuille. Les formes ainsi remplies seront portées à la presse, ou à la machine, et tirées absolument de même que les formes composées de caractères mobiles. Vous comprenez maintenant l'utilité de ces procédés. Un livre a été composé; il est tiré à un certain nombre d'exemplaires. Avant d'en *distribuer* les pages, on fait faire les *empreintes*, puis les clichés : cela coûte peu. On les met en magasin. Faut-il, un an, ou deux ans, ou dix ans après, faire une seconde édition du livre, on prend les clichés, on fait un nouveau *tirage*. Ils seront encore bons pour une seconde, une troisième édition. Le livre ne se vend plus, on ne doit plus faire d'éditions nouvelles : on fond les vieux clichés; le métal sert à en faire d'autres. Rien de perdu. — Quelquefois, au lieu de faire des empreintes de papier et des clichés de plomb, on fait des clichés de cuivre par un procédé dont je vous parlerai bientôt. Ces clichés de cuivre sont plus parfaits, durent plus longtemps encore; mais ils coûtent plus cher.

CHAPITRE IV

LE LIVRE ILLUSTRÉ

GRAVURES ET CLICHÉS

La première chose que vous avez faite, le jour où mon petit livre fut mis entre vos mains, ç'a été, j'en suis bien sûr, après un rapide coup d'œil jeté sur la couverture et le titre, de le feuilleter d'une main curieuse; et alors vous vous êtes dit, avec plaisir, j'en suis sûr aussi : « Ah! il y a des gravures! » — Un livre dans lequel il y a des gravures, c'est ce qu'on appelle un livre *illustré*. Cette idée d'orner les livres de dessins pour récréer les yeux du lecteur n'est pas nouvelle; et vous vous rappelez ces *manuscrits historiés* du moyen âge, ces *Bibles*, ces *missels* à images, ces *livres d'heures* ornés de peintures délicates, de miniatures faites à la main, au pinceau, resplendissantes de vives couleurs, enrichies d'or et d'argent, de grandes *lettres*, peintes aussi, avec des enroulements, des feuillages. Ces manuscrits, il vous en souvient, étaient dits *enluminés;* et ce mot correspond justement à notre expression moderne d'*illustré;* les premiers livres imprimés, à l'imitation des manuscrits, eurent aussi des dessins, des gravures, des lettres ornées, souvent imprimées en diverses couleurs. Cette gentille mode n'a point passé, comme vous le savez; et de nos jours plus que jamais on aime, on recherche les livres *illustrés;* on en public beaucoup; il en est de charmants. Les dessins sont, il est vrai, le plus souvent de simples gravures en noir; mais si fines, si gracieuses! — Ah! quelle ravissante profusion d'oiseaux et de fleurs, sur les pages du beau livre intitulé *l'Oiseau*, que j'ai là, ouvert sous les yeux, tandis que j'écris ces lignes[1]! — Mais des livres de moindre prix sont déjà fort agréablement ornés.

Les dessins que contient un livre peuvent avoir deux destinations différentes. Tantôt ils sont là seulement pour le plaisir des yeux, à titre d'ornement : on les nomme souvent alors *vignettes, illustrations*. Une vignette placée au commencement d'un chapitre est un *en-tête* ; celle qui indique la fin d'un chapitre est appelée *cul-de-lampe*, parce que ces sortes d'ornements, autrefois surtout, imitaient la forme d'un support à poser une lampe. Un grand dessin qui occupe une page entière au commencement du livre se nomme *frontispice* ; tel est celui qui suit la page de titre de ce livre. D'autres fois les dessins ont pour but d'aider à comprendre le texte ; ils sont là plutôt pour l'utilité que pour l'ornement. Ils représentent les choses dont le livre donne la description, ils rendent l'explication plus facile à suivre. Ces sortes de dessins, souvent très simples, sont appelés des *figures*. Telles sont les figures formées de simples lignes que vous trouverez dans les ouvrages de mathématiques, les *cartes* dans les livres de géographie. Souvent, en mettant des dessins dans son ouvrage, l'auteur se propose à la fois les deux choses : rendre plus claires, compléter les explications; en même temps orner le livre. Et c'est, par exemple, dans ce double but qu'ont été *exécutées* les gravures de ce volume. — Dans certains livres vous trouverez de grands dessins couvrant des pages entières, quelquefois tirés *en couleur*. Ces sortes de dessins sont *tirés à part* et par divers procédés que nous n'avons pas à expliquer ici, sur un papier différent de celui de l'ouvrage. On les appelle des *planches* ; et ce nom vient de ce qu'ils ont été gravés sur des *planches* ou *plaques* de métal. Le *relieur* les met en place, entre les pages, lorsqu'il coud le volume. Mais le plus ordinairement les illustrations sont imprimées sur les pages du livre, souvent même entourées des lignes du texte ;

1. *L'Oiseau*, Michelet.

celles-là sont *tirées* à la presse typographique, en même temps que le texte.

N'êtes-vous pas curieux de savoir comment se font ces jolis dessins? Presque tous sont, comme ceux que vous voyez ici gravés non pas sur métal, mais sur *bois*, par le procédé de la gravure en relief. — Le bois dont on se sert est un bois très dur et très fin, le *buis*; de plus, on grave sur le *bois debout*, c'est-à-dire sur le bout des fibres, sur le plat d'un tronçon mince du bois, scié en travers du tronc de l'arbrisseau.

Pour nous rendre mieux compte des procédés, prenons un exemple : soit ce charmant nid d'oiseau dans les branches...

LE NID.

Cette gravure est extraite du livre intitulé *l'Oiseau*, par Michelet.

Regardez de près la gravure. Vous observez tout d'abord que le contour des objets — branches, feuilles, oiseaux — est marqué par un trait noir excessivement fin, délié. Les parties blanches du dessin sont formées par le blanc du papier, qui reste pur entre les traits noirs. Maintenant, remarquez certaines parties du dessin qui ne vous semblent ni noires ni blanches, mais font pour votre œil l'effet d'un gris plus ou moins foncé, comme une teinte grise étalée au pinceau. En regardant de très près vous reconnaîtrez que ces parties sont couvertes de traits noirs très fins, très serrés, parallèles ou entre-croisés, qui laissent cependant paraître entre eux le

blanc du papier en de très étroits espaces. Le mélange qui se
fait pour l'œil à une certaine distance, du blanc du papier et
du noir des traits, forme du gris. Ces traits sont ce qu'on
appelle des *hachures*. La teinte est plus ou moins sombre,
suivant que les hachures sont plus larges et plus serrées,
ou plus fines et plus espacées. Elles servent à marquer les
ombres sur le dessin, ou à imiter la couleur naturellement
foncée de certains objets. — Il ne s'agira donc, pour obtenir
un tel dessin avec toutes ses nuances, que de marquer des
traits noirs et de laisser des espaces blancs.

Tout d'abord le *dessinateur*, qui est un artiste habile, a
choisi un petit bloc de bois de la grandeur de la vignette qu'il
veut exécuter. Ce bloc est taillé avec précision ; sa surface

supérieure, qui a la forme d'un rectangle, est parfaitement
dressée au rabot, finement polie ; puis on l'a blanchie en y
étendant une couche très mince de couleur blanche (blanc
de céruse). Sur cette surface, comme sur une belle feuille de
papier, avec un crayon de mine de plomb taillé en pointe très
fine, l'artiste a *esquissé* d'abord les traits déliés des contours,
puis tracé les hachures qui marquent les ombres. — Parfois,
en certaines parties, il étend aussi, à l'aide d'un pinceau, une
teinte grise ou de petites *touches* de blanc. Le dessin achevé,
le *bois* est porté chez le *graveur* : un artiste encore, et dont
l'œil doit être bien vif, la main bien adroite... Le graveur
prend son *burin*, petit outil d'acier tranchant, terminé en

pointe très fine et très aiguë. Avec cet instrument, il creuse de petits sillons dans le bois. Il enlève ainsi le bois à tous les endroits que le dessinateur a laissés blancs : il laisse au contraire en relief, en saillie, il *épargne*, comme on dit, tous les traits noirs, si fins, du crayon. Œuvre difficile, délicate ! travail de patience ! L'habileté du graveur consiste à suivre avec intelligence les *coups de crayon* du dessinateur. — Cette façon de graver en *enlevant les blancs*, en laissant en saillie les *noirs*, c'est ce qu'on appelle la *gravure en relief* ou en *taille d'épargne*.

Le bois est *gravé*. Passons dessus un *rouleau* encré : il est évident que l'encre s'attachera seulement aux parties touchées par le rouleau, c'est-à-dire aux traits laissés en relief, et qui correspondent aux traits noirs. Cela fait, si nous pressons fortement et bien également, sur le bois *touché* au rouleau noir, une feuille de papier, les traits noirs laissés en saillie marqueront ; les endroits creusés laisseront le papier blanc. Nous aurons ainsi, imprimée sur le papier, une vignette absolument semblable à celle que le dessinateur avait dessinée sur le bois : avec cette différence toutefois que le dessin sera *retourné*, lui aussi, comme l'eût été une ligne composée, la droite à la gauche, la gauche à la droite. — Vous voyez qu'un bois gravé en relief s'imprime absolument comme les lettres ; il peut être *tiré* sous la presse en même temps que le texte de la page. — Le bois gravé est donc envoyé à l'imprimerie ; le *metteur en pages*, lorsqu'il forme son paquet de page, introduit entre les lignes composées, à l'endroit que l'auteur a désigné, ce petit bloc de bois, en ayant soin que sa surface soit bien à la hauteur du relief des lettres. Si le bloc de bois n'est pas assez épais pour cela, il collera dessous une feuille de papier ou de carton, qu'il appellera une *hausse*, afin de *hausser* les traits gravés au niveau des lettres. La page contenant le bloc de bois sera *imposée* avec les autres, mise sous la presse, encrée et tirée en même temps que les autres, et le dessin apparaîtra imprimé à sa place entre les lignes.

Mais cette façon d'agir offre un inconvénient très grave. Le bois, même le bois le plus dur, n'est pas une matière très résistante. La pression un peu forte, nécessaire pour bien imprimer, peu à peu écrase les traits si délicats, les fins reliefs de la gravure; en sorte qu'après un certain nombre d'exemplaires tirés, dix mille, par exemple, la gravure est usée, elle ne peut plus servir. Et certes c'est bien dommage! une chose qui a coûté tant de talent, de soin, si délicatement travaillée! Un *bois* gravé finement et *artistiquement* est chose précieuse et qui coûte cher. Pour éviter ce dommage, on a imaginé, il y a une quinzaine d'années, d'imprimer, de mettre sous la presse non pas le bois lui-même, mais un *cliché*, c'est-à-dire une *copie* en métal, absolument semblable au bois gravé, faite au moyen de ce bois. Ce *cliché* en métal est beaucoup plus résistant que le bois, il s'use bien plus lentement; on peut tirer plus de cent mille exemplaires avant qu'il soit hors de service; de plus, s'il est usé ou brisé, le bois qui a servi à faire le premier peut servir encore à en faire un second, un troisième — enfin autant qu'on en voudra.

Mais comment peut-on faire ce cliché, cette *copie de métal?* — On pourrait prendre l'empreinte, le moule du bois avec du plâtre, et y couler du métal de caractères, ainsi que nous l'avons vu pratiquer pour faire des clichés de pages composées. On a fait autrefois usage de ce moyen; on l'emploie encore quelquefois aujourd'hui. Mais les clichés ainsi produits sont rarement irréprochables : les traits si fins des dessins ne se reproduisent pas assez nettement sur le cliché. On a imaginé enfin, il y a une quinzaine d'années, un procédé plus perfectionné, qui donne des clichés de cuivre, beaucoup plus résistants que ceux de plomb, et d'une finesse merveilleuse.

Voici notre bois gravé, avec ses creux et ses reliefs. Si **nous** le pressons fortement contre une plaque de cire, amollie par une douce chaleur, ces creux, ces reliefs vont faire leur empreinte dans la cire. En retirant le bois, nous verrons, formé dans la cire, le *moule* de la gravure. Imaginez maintenant que nous coulions du métal dans le moule que nous venons de faire... — Ah! mais la cire va fondre, tout sera détruit! vous écriez-vous. — Très juste; mais enfin supposez que par un certain moyen nous puissions arriver à couler du métal dans le moule sans faire fondre la cire... admettez cela. Eh bien! alors, en retirant le métal du moule, vous aurez une *reproduction* exacte du bois gravé, ayant les creux et les reliefs disposés de la même manière, en un mot absolument semblable, sauf la matière, qui est plus résistante. Or ce moyen de *mouler* du métal dans l'empreinte sans faire fondre la cire, il existe; c'est une découverte toute moderne, et bientôt j'essayerai de vous en donner une idée.

L'ouvrier clicheur a d'abord coulé dans une petite cuvette de plomb très peu profonde une plaque de cire assez mince, à peu près de la grandeur du bois; et tandis que cette cire est encore molle, il va la presser sur la surface gravée. Mais la main ne pourrait produire une pression ni assez forte ni assez égale. Le mouleur emploie donc une *presse* d'une forme toute particulière, et qu'il serait inutile de décrire en détail. La *platine* de cette sorte de presse est solidement fixée; et c'est le *marbre* qui peut s'élever et s'abaisser à volonté. Sur ce marbre l'ouvrier a d'abord disposé le bois gravé, maintenu par une sorte de cadre; dessus, il dispose la plaque de cire. Puis, en tournant une roue, il fait monter lentement et doucement le marbre. Le bois et la cire, pris entre la platine fixe et le marbre qui se soulève, sont fortement et très également pressés. Le mouleur desserre sa presse, retire la cire, en détache le bois. — Une observation cependant : si le mouleur avait pressé, sans autre précaution, la cire sur le bois, cette cire se serait collée au bois, et il n'eût pu les séparer. Pour éviter cet inconvénient, l'ouvrier a soin de saupoudrer sa plaque de cire molle, à l'aide d'un pinceau très doux, d'une substance qu'on nomme *plombagine* — et que vous connaissez bien, car c'est la *mine de plomb* avec laquelle on fait les crayons. La surface de la cire devient ainsi lisse et luisante, et ne peut plus *adhérer* au bois. Ce n'est pas tout encore : lorsque le moule est séparé du bois, on le frotte de nouveau de plombagine, à l'aide d'une brosse douce, en

Un bois gravé maintenu dans son cadre de fer et une plaque de cire préparée pour en faire le moule sont posés à terre.

sorte que sa surface devient d'un beau gris foncé, mais luisant, vif comme le métal poli. Cela se fait pour une raison toute particulière, dont je vous dirai un mot plus loin. Le moule préparé, il s'agit d'y *déposer* du métal, du *cuivre*. Mais qui s'en chargera, puisque nous ne pouvons employer la chaleur pour rendre le métal fluide? Qui s'en chargera? Ce sera *l'électricité*, — cette même électricité qui circule par les fils du télégraphe, cette même électricité qui est la cause de la fondre et de ses terribles phénomènes. — Il me serait impossible de vous faire comprendre le *principe* de ce procédé, de vous expliquer ici *comment* agit cette *force* qu'on appelle électricité, et qui est, pour *dissocier* les *atomes*, pour séparer et rendre libres les parcelles infiniment petites des substances, aussi puissante que la chaleur elle-même : je ne puis que vous montrer les résultats de son action.

Il y a une sorte de sel en très gros grains, d'une couleur bleu-verdâtre magnifiquement transparent, et qu'on appelle vulgairement du *vitriol bleu*. Son vrai nom est *sulfate de cuivre; ce* nom, donné par les chimistes, exprime que ce sel est composé de cuivre, de soufre, et d'une troisième substance encore (l'*oxygène*, un des deux *gaz* qui forment l'air). Retenez du moins ceci, que dans ce sel bleu il y a du cuivre, quoiqu'on ne voie pas la moindre parcelle de ce beau métal rouge; il y a du cuivre, comme il y a du fer dans la rouille, comme il y a du charbon dans le bois... Les *atomes* du cuivre sont entremêlés avec ceux du soufre, avec ceux de l'oxygène, à tel point qu'il est impossible de discerner le métal; pourtant, dans une certaine quantité de sulfate, environ un tiers est du cuivre. On fait d'abord *dissoudre* dans de l'eau ce sel, qui s'y fond, absolument comme ferait du sel ordinaire; cette *dissolution* forme une liqueur d'un beau bleu vert, — violent poison, entre parenthèses. C'est ce qu'on appelle, en termes d'atelier, le *bain* parce que les moules vont y être plongés, baignés. Ce bain, contient donc du cuivre en assez grande quantité, sous forme d'atomes flottants, errants, mêlés à l'eau, invisibles, excepté par la couleur qu'ils donnent au liquide.

Le moule a été mis dans le bain. Eh bien, maintenant il s'agit d'aller chercher, dans toute la liqueur, les atomes de cuivre flottants, invisibles, de les amener sur la surface du moule, de les forcer à venir s'entasser là, à se serrer les uns contre les autres, pour faire une certaine épaisseur de métal, et de métal solide, tenace, résistant!... Voilà ce que va faire l'électricité; comment? — c'est, répété-je, ce qu'il m'est impossible de vous expliquer complètement, parce que, pour le comprendre, il vous faudrait des connaissances de *physique* et de *chimie*, et vous ne les possédez pas sans doute. — Je dois pourtant vous dire que le moule, d'une part, et d'autre part une grande plaque de cuivre rouge plongée aussi dans le *bain*, doivent être attachés à deux longs fils de cuivre qu'on nomme *conducteurs*, et qui jouent un rôle tout semblable aux fils du télégraphe, que vous voyez, sur les routes, tendus entre les poteaux; par leur autre extrémité, ces fils aboutissent à un appareil qui *produit* l'électricité, et qui porte le nom de *pile*. J'ajouterai encore que la couche de plombagine étalée à la surface de la cire est justement nécessaire pour permettre à l'électricité de trouver facile passage. Par les deux fils à la fois, l'électricité arrive invisible dans le bain; et tout aussitôt commence son merveilleux travail. — La voilà qui recueille de toutes parts, dans le liquide, les atomes errants de métal : elle les amène sur le moule, en nombre immense; là, elle les groupe, elle les entasse, elle les soude ensemble. Au bout de quelques instants la surface grise de la plombagine est devenue toute rouge. Le cuivre *déposé* forme une couche, excessivement mince d'abord, comme une *pellicule* qui va augmentant peu à peu d'épaisseur; il pénètre dans toutes les cavités de la cire, il suit tous les reliefs. Attendons deux jours environ, et l'épaisseur sera suffisante; le métal formera une plaque résistante de beau cuivre rouge, qu'on pourra détacher de la cire. Du côté de la cire, elle a suivi toutes les formes du moule, et par conséquent elle est absolument semblable au bois gravé, et peut être imprimée de la même manière. C'est ce qu'on appelle un *cliché galvanique*.

Toutefois cette plaque de cuivre est trop mince encore; pour lui donner la résistance suffisante, il faut la *doubler* d'une épaisseur assez grande de *plomb*, ou plutôt de *métal à caractère*, moins mou que le plomb. Pour cela, l'*envers* du cliché détaché est tout d'abord nettoyé avec soin; puis on l'*étame* avec de l'étain, absolument comme on étame l'intérieur d'une casserole de cuivre. Cette précaution est nécessaire pour que le plomb qu'on va couler se *soude* au cuivre, adhère fortement et partout. Ainsi préparé, le cliché et posé, l'envers en dessus, dans une sorte de cuvette à rebords peu élevés; puis, dans cette cuvette plate, l'ouvrier verse du

MACHINE A RABOTER POUR DRESSER LES CLICHÉS.

plomb fondu. Le plomb, en se refroidissant, se *solidifie*; il est soudé à l'étain de l'étamage et au cuivre; le tout se tient d'une pièce, et forme maintenant une plaque épaisse et forte.

Pour que le cliché ainsi *doublé* et renforcé de plomb puisse s'imprimer nettement, il est absolument nécessaire qu'il soit parfaitement dressé, et d'épaisseur bien égale partout. Ce *dressage* est chose délicate. Tout d'abord un ouvrier fixe le cliché sur un *plateau* rond, tenant à un *tour*, à peu près semblable à un tour à tourner le bois. Le *tourneur*, avec un outil bien tranchant, enlève l'excédent de l'épaisseur du plomb, en dressant le mieux possible sa surface. Mais cela ne suffit pas toujours. Le cliché, détaché du tour, sera ensuite, s'il est nécessaire, porté sur une *machine à raboter*, qui achèvera de le dresser. — Cette machine porte une lame de fer tranchante, bien affilée, qui, passant sur l'envers du cliché, enlève un mince copeau de plomb tout à fait comparable au ruban de bois qu'enlève le rabot du menuisier, et dresse la surface du plomb comme l'outil du menuisier aplanit une planche.

Notre cliché est dressé; le contour, découpé à la scie et au ciseau, suit à peu près la forme d'ensemble du dessin. Doublé de plomb, il a une épaisseur de cinq millimètres environ : c'est assez pour la solidité. Il n'a pas la *hauteur* suffisante : simplement posé sur le marbre de la presse, il serait beaucoup *trop bas*. Le moyen de parer à cette difficulté, vous le connaissez déjà : il consiste à fixer, au moyen de pointes, le cliché de métal sur un petit bloc de bois bien dressé, et d'épaisseur convenable. On peut l'introduire alors dans la page composée, comme on y eût placé le bois gravé lui-même.

L'opération de la *mise en pages*, assez simple lorsqu'il s'agit d'un livre sans dessins, est beaucoup plus compliquée et plus difficile pour un ouvrage *illustré*. Il faut mettre en place, au milieu des lignes, les blocs de bois qui portent les clichés, les assujettir solidement. De plus, très souvent un dessin ne remplit pas toute la largeur (*justification*) de la page : alors, pour ménager l'espace, il convient de remplir le reste de la largeur avec des bouts de lignes; en sorte que le dessin se trouve entouré de texte, d'un côté seulement ou des deux côtés. Voyez, par exemple, la page 152 de ce livre : il y a là un dessin très petit, qui eût fait un mauvais effet, isolé, au milieu d'un grand espace blanc. Qu'a fait le metteur en pages? Il a d'abord placé au bout de sa ligne, au côté de la page, le petit cliché monté sur son bloc de bois. Naturellement, il ne lui restait plus, à cet endroit, qu'une largeur moindre pour placer du texte. Or le compositeur forme toujours ses lignes *pleines*, complètes, à toute la justification. *Remaniant*, reprenant mot à mot, presque lettre à lettre, sur les lignes pleines composées, le metteur en pages a formé des lignes plus courtes, qu'il a ajustées *à la gauche* du cliché (puisque sur le livre imprimé elles vous paraissent *à droite*), pour remplir la justification. L'endroit du cliché dépassé, il recommencera à mettre des lignes entières. Or tout ce travail est lent, délicat; il faut aussi de l'habileté, du goût, pour que le dessin, convenablement disposé au milieu des lignes, fasse bon effet, plaise à l'œil.

De même quand il s'agit du tirage : la mise en train d'une *forme* où des *clichés* sont intercalés dans le texte demande beaucoup de soins; si toutes les plus minutieuses précautions n'ont pas été prises, le dessin ne s'imprime pas bien. Ou bien, par exemple, *il prend trop d'encre*, ou encore la pression est trop forte au rouleau ; et alors il paraît trop noir; les petits blancs, entre les fines hachures, sont bouchés. Au lieu de traits fins et déliés, on ne voit plus que de grosses lignes et de larges plaques noires... On dit alors que la gravure est *empâtée*. Une autre fois, c'est tout le contraire; le rouleau ne met pas assez d'encre, ou bien la pression n'est pas assez forte : les traits gravés marquent peu, le dessin est tout gris, comme effacé... Il faut qu'en disposant sa *forme* sur la presse, en arrangeant sa *marge*, en réglant le *foulage*, la pression, l'imprimeur corrige tous ces défauts. Et même pendant le tirage il vérifiera à chaque instant si les gravures *sortent* nettes et pures.

CHAPITRE V

RELIURE

ASSEMBLAGE ET BROCHAGE

Les feuilles imprimées, il s'agit de former le volume : tel est le but des opérations de la reliure.

Ici, plaçons une observation que nous n'avions pas encore faite. — Ouvrez votre livre à la page 17 ; au bas de cette page, vous verrez un petit chiffre, un 2 peu apparent. Au bas de la page 33, il y a de même un 3 ; la page 49 est marquée d'un 4, la page 65 d'un 5. — Un volume étant composé de feuilles pliées en forme de cahiers et se suivant dans un certain ordre, il importe fort que cet ordre ne soit pas *interverti*, par accident, par erreur, lorsqu'on coud les feuilles : le relieur doit y faire grande attention. Pour rendre sa tâche plus facile, on lui a numéroté ses feuilles. Cela s'est fait par le tirage même. Le metteur en pages a eu soin de mettre, au bas de la première page, sur la forme du *côté de première* de chaque feuille, le numéro de la feuille. Chaque feuille tirée est donc marquée, au bas de la première page, celle qui restera dessus lorsqu'on pliera la feuille, de ce numéro d'ordre que les imprimeurs appellent la *signature*, c'est-à-dire le signe, la marque. Par exception, on ne met pas ordinairement de signature à la page du titre, vu qu'il n'est pas besoin de cette précaution pour la faire reconnaître. — Quelquefois au lieu de chiffres on se sert, pour signatures, des lettres de l'alphabet : *a*, *b*, *c*, *d*, etc.

Les paquets, contenant chacun un certain nombre d'exemplaires de la même feuille, ont donc été portés à l'atelier de reliure. L'ouvrier, consultant les *signatures* des feuilles, range tout d'abord ces tas suivant leurs numéros d'ordre, sur une longue table. Cela fait, il prend une feuille au premier tas, c'est-à-dire une feuille n° 1 ; faisant un pas, il prend une autre feuille au second tas, qui est marquée 2, et qu'il mettra sous l'autre. Ainsi de suite, avançant le long de la table, et prenant une feuille à chaque tas, quand il est arrivé au bout, il se trouve avoir recueilli et mis en ordre de quoi faire un volume. Cette opération se nomme *l'assemblage*. — L'ouvrier dépose à part son petit paquet de feuilles assemblées, puis il recommence de la même manière, jusqu'à ce que tous les tas soient épuisés. Les petits paquets, contenant chacun la matière d'un volume, sont mis entre les mains des *plieuses* : ce sont des femmes, en effet, qui sont ordinairement chargées de cette tâche. Or la feuille doit être pliée de telle sorte que les pages se suivent dans l'ordre de leurs *folios* ; et cette manière de plier varie, ainsi que nous l'avons expliqué, suivant le *format*. La plieuse, d'une main rapide, saisit la feuille ; s'aidant d'un couteau de bois, plus grand que celui avec lequel on sépare les feuillets d'un livre neuf, elle plie le papier suivant la manière indiquée par le format, elle dresse le pli. Elle doit en outre faire attention que les plis passent juste au milieu des blancs laissés entre les pages. La feuille pliée forme un mince *cahier*. Les cahiers d'un même volume étant posés l'un sur l'autre dans leur ordre, il faut les coudre. Opération très simple : la *couseuse* entr'ouvre les cahiers, et piquant son aiguille dans le pli, elle passe des fils qui rattachent les cahiers les uns aux autres par le dos. Un feuillet blanc est alors posé sur le premier cahier et sous le dernier du livre : c'est la *feuille de garde*.

La *couverture* du livre a été imprimée à part, sur du papier de couleur, épais et fort. Cette couverture porte le titre du livre ; elle est assez ordinairement en tout semblable à la *page de titre* de l'intérieur. Le *colleur* prend un volume cousu ; à l'aide d'un pinceau il passe un peu de *colle de pâte* épaisse sur le dos des cahiers et sur le bord des feuilles de garde; puis il applique la couverture imprimée. Cette façon expéditive d'attacher les feuilles d'un livre est ce qu'on appelle le *brochage*. On vend chez les libraires beaucoup de livres simplement *brochés*. La couverture, d'une jolie couleur, parfois ornée de vignettes élégantes, plaît à l'œil. Mais lorsque le livre a été lu plusieurs fois, si surtout on n'en a pas pris un soin extrême, la couverture se détache du dos du cahier, les fils se relâchent, il devient nécessaire de faire au livre une véritable et solide reliure.

RELIURE PROPREMENT DITE.

Un livre relié, en même temps qu'il est plus solide et plus durable, est du reste, plus élégant. Jetez un coup d'œil sur ce volume. Vous observez d'abord les deux feuilles de carton qui soutiennent et préservent le livre. Les surfaces extérieures de ces deux feuilles, les *plats* de la reliure, comme on dit, sont couverts d'une toile fine, de couleur, où sont imprimés, en creux et en relief, des ornements *gaufrés*. Tandis que les bords des feuilles d'une *brochure* sont inégaux, ceux du livre relié sont coupés nets, et forment une *tranche* lisse. Remarquez en passant que les tranches du haut et du bas des pages sont droites; celle du devant, au contraire, est creuse, elle forme ce que l'on appelle la *gouttière*. À l'opposé, le dos arrondi du livre, également recouvert de toile gaufrée, porte des ornements et parfois un titre.

L'opération de la reliure est plus compliquée que celle du brochage. La première chose à faire, c'est de comprimer, de tasser les feuilles pliées, de manière à diminuer l'épaisseur du livre, en le rendant plus serré, plus *compact*. Pour cela, l'ouvrier, pressant le paquet de cahiers, et le tenant posé sur une pierre bien dressée, le bat à coups mesurés d'un très lourd marteau de fer. Sous ces chocs répétés, les cahiers s'amincissent. Souvent on remplace le *battage* au marteau par le passage à la *presse-laminoir*. Les cahiers, disposés entre deux feuilles de zinc, sont engagés entre les deux cylindres de cette machine, toute semblable à la *presse à satiner*, représentée page 185, et agissant absolument de même. Les feuilles ainsi aplaties sont souvent un peu courbées; pour les dresser on empile ces paquets, formant chacun un volume, sous une presse ordinaire en forme de pressoir : on fait alterner les volumes avec des planchettes de bois. Puis on serre. Au sortir de la presse, les volumes étant dressés, le relieur en prend un, l'engage et le serre entre les mâchoires d'une sorte d'étau de bois, semblable à la presse de l'établi d'un menuisier, le dos des cahiers dépassant un peu; puis, avec une petite scie, il fait, en travers, trois, ou quatre, ou cinq rainures peu profondes, dont vous comprendrez bientôt l'utilité : cette opération est ce qu'on nomme le *grecquage*.

Pendant ce temps la *couseuse* a disposé son métier. Ce métier est très simple : une planchette pour poser les cahiers, deux montants, une traverse. De la planchette à la traverse sont tendues verticalement deux, trois ou quatre ficelles. Voyez agir l'ouvrière : déjà plusieurs cahiers ont été superposés et cousus par elle. Les ficelles, qui ont été disposées à des distances convenables, entrent dans les petites entailles que le grecquage a faites au dos de chaque cahier, s'y logent, pour ainsi dire. La couseuse pose un nouveau cahier sur les autres, engageant de même dans les entailles les ficelles tendues, ce qui maintient son cahier en place. L'entr'ouvrant alors de la main gauche, de la main droite elle passe l'aiguille. Elle met un fil dans le pli du papier, et lui fait faire un tour, pour l'arrêter autour de chaque ficelle. Arrivé à la dernière entaille, au haut ou au bas de la feuille, elle fait sortir son aiguille par le petit trou, pour la faire rentrer, par l'entaille correspondante, dans le cahier qu'elle va poser ensuite. De la sorte, les feuilles sont toutes liées fermement entre elles et attachées aux ficelles mêmes. Le cousage terminé, on coupe les ficelles en laissant dépasser les bouts de quelques centimètres; ces

OUVRIÈRE COUSANT UN VOLUME.

bouts serviront à attacher la couverture. Puis on passe à un autre volume.

Le livre cousu est remis dans l'étau, le dos dépassant un peu; on serre fortement. Puis, avec un marteau de fer, le relieur frappe à petits coups sur les plis des cahiers. Il en résulte d'abord que le dos du livre se dresse et s'aplatit; puis les derniers cahiers, refoulés par le choc, débordent un peu au-dessus de l'étau ; ils se rabattent, en formant un petit pli qu'on appelle le *mors*. Entr'ouvrez votre livre, et vous observerez au dos, des deux côtés, ce petit pli rabattu, dans lequel vient se loger l'épaisseur du carton qui forme la couverture. — Le mors étant fait, il s'agit de former la *tranche*, en *rognant* un peu de la marge des feuillets. Les tranches se font ordinairement au moyen de la *machine à rogner*. C'est un énorme couteau d'acier, extrêmement tranchant, qui peut s'abaisser ou se relever, au moyen d'un mécanisme (inutile de le décrire), au-dessus d'une table bien dressée. Le livre étant posé sur la table, ajusté à la place convenable, on fait agir la machine ; le couteau descend lentement et coupe net une petite bande sur la marge du livre, faisant ainsi une tranche parfaitement dressée. On *rogne* de même successivement les trois tranches. — La tranche du devant du livre, ainsi rognée, est droite, naturellement ; le dos aussi du livre a été fait plat tout d'abord. Par un mouvement adroit, en repoussant les cahiers du milieu du volume, le relieur donne au dos la forme arrondie qu'il doit avoir ; et du même coup la tranche du devant se trouve prendre la forme creuse qui l'a fait nommer la *gouttière*.

Il s'agit maintenant de poser les deux plaques de carton de la couverture, et de les fixer solidement au dos du livre. C'est pourquoi le relieur commence par percer, près du bord du carton qui doit joindre au dos, en face de chaque ficelle, deux petits trous. Il fait passer la ficelle par l'un des trous, la fait repasser par l'autre... Le bout se trouve alors rentré en dedans ; le relieur l'effile et l'aplatit, puis le colle, avec de la *colle forte* de menuisier ou *gélatine*, qu'il applique chaude avec un pinceau. Il agit ainsi pour chacun des bouts des ficelles qui relient les cahiers ; la plaque de carton se trouve attachée au dos comme par autant de charnières flexibles.

Ensuite l'ouvrier pose sur le dos arrondi, d'abord une feuille de papier épais, puis une bande de toile forte gaufrée, ou mieux encore une bande de *maroquin*, c'est-à-dire de peau de mouton teinte, fine et lisse; il ramène les bords de cette bande sur les *plats* des cartons, et les y colle, après les avoir un peu amincis : la bande contribuera encore à maintenir la couverture. Il a soin de retourner proprement, au haut et au bas du carton, un bout de la bande de toile ou de la peau qui dépasse, de le rabattre et de le coller en dedans. Enfin, avec un petit morceau de la même toile ou de la même peau, ou bien encore avec un morceau de parchemin, il forme, aux angles du livre, qui courent toujours le risque d'être froissés, écornés, des *coins* qu'il replie en dedans, et colle solidement. — Il reste maintenant à coller, avec de la colle de pâte étendue au pinceau, sur les *plats*, c'est-à-dire sur la surface extérieure du carton, une feuille de simple papier de couleur, ou une *couverture* imprimée semblable à celle d'un livre broché, ou mieux encore une toile gaufrée à petits grains. On rabat encore en dedans les bords de ce papier ou de cette toile, les faisant passer par-dessus les bords du carton; enfin on cache ces bords repliés par une feuille de papier, blanche ou colorée, unie ou gaufrée, que l'on appelle la *garde*, et que l'on colle sur l'envers du carton. — Voilà une reliure simple et solide. Si on veut des ornements, des lettres, des titres imprimés sur la toile ou le maroquin, on pourra les ajouter ensuite.

Les ornements dont on couvre les *plats* ou le dos sont ordinairement ou *gaufrés* simplement, imprimés en creux et en relief, ou bien dorés comme ceux qui figurent sur la couverture de ce volume. Supposons d'abord qu'il s'agisse d'imprimer un ornement seulement gaufré, sans dorure. On a une plaque très épaisse de métal, ordinairement de cuivre, une sorte de *moule* où sont gravés les ornements que l'on veut imprimer : quoique cette plaque soit le plus souvent en cuivre, on l'appelle cependant, un *fer...* un fer à gauffrer. Ce fer est muni d'un manche. Pour produire l'empreinte il doit être chauffé modérément sur un feu de charbon. On pose le fer chaud sur la toile ou la peau, à l'endroit convenable, et, soit à la main, soit à l'aide d'une presse, on exerce une pression suffisante. Sous l'action combinée de la pression et de la chaleur, la toile ou la peau, et même le carton placé au-dessous, prennent la marque des gaufrures du fer, et l'ornement est imprimé, profond, ineffaçable. Cette opération est souvent appelée *étampage*, parce que le *fer à gaufrer*, surtout s'il est de grande dimension, porte aussi le nom d'*étampe*.

Veut-on, au contraire, imprimer, sur le maroquin ou sur la toile, des lettres, des ornements dorés, on passe tout d'abord, avec une éponge, sur la partie qui doit recevoir l'ornement, une sorte de vernis formé de blanc d'œuf — substance naturellement collante — délayé avec de l'eau; puis, le vernis devenu sec, on passe dessus, à l'aide d'un tampon, une légère couche d'huile d'olive. Ensuite l'ouvrier étale adroitement sur toute la surface *encollée*, une feuille d'or battu, excessivement mince — si mince qu'elle flotte au moindre souffle. Tout est préparé : il ne s'agit plus que d'*étamper* l'ornement comme précédemment, par la pression d'un fer modérément chauffé, appliqué soit à la main, soit au moyen d'une presse. Dans les *creux* formés par le fer, la feuille d'or se trouve collée et adhère fortement; aux endroits qui n'ont pas été comprimés, elle n'adhère pas. En passant un pinceau sur la partie étampée, le doreur enlève, comme une fine poussière, l'excédent de la feuille d'or : le brillant métal reste seulement dans les creux où il a été fixé par la pression et la chaleur; les lettres ou les traits apparaissent nets et resplendissants sur la couleur foncée de la reliure, ainsi que vous pouvez l'observer au dos de ce volume.

Vous êtes peut-être curieux de connaître aussi comment on produit ces *tranches dorées* qui donnent au livre un aspect si agréable et si riche. Lorsque la tranche a *été rognée*, on fixe le livre dans une sorte d'étau de bois mobile; on le serre fortement, puis on achève de dresser et de polir la tranche en la raclant doucement avec un *racloir* bien affilé. Puis on passe d'abord sur la tranche polie, à l'aide d'un pinceau, une couche légère de *colle de peau* (c'est-à-dire de *gélatine* semblable à celle du menuisier, mais plus fine et plus blanche). Cette couche séchée, on applique, avec une fine éponge, un mélange de *blanc d'œuf* et d'une matière rougeâtre nommée *sanguine* : ce qui fait sur la tranche une sorte de peinture rouge-brun. On laisse sécher. Enfin, au moment d'appliquer l'or, le *doreur* étend de nouveau, avec un pinceau, une couche de blanc d'œuf délayé dans de l'eau; puis sur cette couche fraîche il applique de légères feuilles d'or, qu'il fait adhérer en les tamponnant doucement. On fait sécher encore. La surface dorée semble alors un peu terne; mais l'ouvrier va lui donner un éclat vif et *miroitant* en la *brunissant*, c'est-à-dire en la frottant avec un outil nommé *brunissoir*. C'est un morceau d'*agate*, pierre excessivement dure et demi-transparente, arrondie, parfaitement polie, et emmanchée dans une poignée de bois. — Parfois, au lieu de dorer la tranche, on y applique une couche de couleur, que l'on polit ensuite au *brunissoir* d'agate.

Telles sont les principales opérations à la reliure. Mais, comme vous le pensez bien, le travail varie, dans ses détails, suivant la richesse ou la simplicité de la reliure. Un livre à dos de toile, dont les plats sont couverts d'une couverture de papier imprimée, un livre simplement *cartonné*, comme disent les relieurs, et tel que se font les livres de classe de l'écolier, ne coûte pas les mêmes peines qu'un volume à riche reliure, à tranche dorée, avec dos et plats de maroquin, de *chagrin* (peau à grains), couverts d'ornements en relief, dorés, peints parfois de différentes couleurs. Selon les circonstances, l'ordre des travaux est parfois changé. Souvent les *dos* de toile sont étampés et dorés avant d'être collés sur le livre; les tranches sont dorées avant qu'on fixe les cartons. D'autres fois le dos et les *plats* sont recouverts d'une même pièce de toile et tiennent ensemble; la couverture entière est fabriquée à part, étampée, dorée, avant d'être appliquée sur le livre. Cette manière de procéder, qu'on nomme *emboîtage* — le livre étant pour ainsi dire introduit dans la couverture toute faite comme dans une boîte, — est rapide et économique; elle donne des reliures élégantes, mais d'une résistance moindre. Dans ce cas, au lieu d'appliquer un à un et à la main, les *fers* chauffés qui impriment les gauffrages en relief et fixent la dorure des ornements, on les imprime au moyen d'une *presse mécanique*. Le *fer* (ou étampe) est fixé au plateau supérieur de la presse; il est chauffé modérément au moyen de la vapeur amenée par un tuyau. La couverture étant posée et mise bien en place sur le plateau inférieur, la presse, en s'abaissant, la comprime fortement, y *estampe* les ornements. — Enfin, dans les grands ateliers, où l'on relie à la fois un très grand nombre de livres semblables, les *cartons* sont coupés de grandeur convenable, et les trous y sont percés, les coups de scie sont donnés au dos du volume pour le *grecquage*, les *dos* arrondis, le tout au moyen de machines ingénieuses qui abrègent le travail.

CHAPITRE VI

LIBRAIRIE ET BIBLIOTHÈQUES

Dès qu'il y eut des livres et des lecteurs pour les acheter, il y eut sans doute aussi des *libraires* pour les vendre. Vous vous souvenez de ces libraires de Rome que nous avons vus étaler leurs livres sous les arcades, près des temples, des bibliothèques, des écoles ou des bains publics, dans tous les lieux fréquentés par les hommes instruits? Et nous avons dit un mot aussi de ces libraires du moyen âge, qui fournissaient aux gens d'Église des livres d'heures, des livres de science aux écoliers. Le libraire s'occupait alors de tout ce qui concerne la fabrication des livres; il achetait le parchemin aux parcheminiers, le papier aux papetiers, donnait aux copistes les modèles à reproduire, aux relieurs les pages copiées à rattacher, puis il vendait le livre au public. — Aujourd'hui le travail est autrement organisé.

Imaginez un auteur qui a écrit un ouvrage, et qui veut le *publier*, le *faire paraître*. Son manuscrit est prêt : que va-t-il faire? — Il va, direz-vous, le porter chez l'imprimeur. — Oui, il peut agir ainsi, très bien; et cependant d'ordinaire il s'y prend autrement. Pourquoi? Ah! c'est qu'un livre coûte fort cher à imprimer! Il faut acheter le papier, payer l'impression, la reliure de milliers de volumes... et l'auteur n'est pas toujours riche! — Il les vendra, direz-vous, ces livres; et en les vendant plus cher qu'ils ne lui ont coûté, il fera un bénéfice. — Il les vendra... peut-être; mais il faudra sans doute pour cela plusieurs années. Et jusque-là son livre, qui lui a coûté tant de peine et d'argent, ne lui aura rien rapporté. Et d'ailleurs l'auteur va-t-il s'occuper du papier, de l'impression, de la reliure, que sais-je?

de tous les détails de la fabrication du livre? Vous savez si c'est chose compliquée! Ce n'est pas son affaire; il ne se connaît pas à tous ces travaux. Va-t-il se mettre à vendre lui-même son livre aux libraires ou au public? Il n'a pas de boutique, il n'est pas marchand. En deux mots, l'auteur ne peut pas se charger de fabriquer ses livres; c'est bien assez pour lui de les écrire.

Comment donc s'y prend-on lorsqu'on veut publier un livre? Le voici. L'auteur va trouver un *éditeur*. Celui-ci est un négociant; il est expert dans ces sortes d'affaires, il entend parfaitement tout ce qui concerne la fabrication et la vente des livres. Il n'écrit pas, lui; mais il doit *savoir lire*… j'entends qu'il doit savoir juger un livre. Il doit être capable d'apprécier si le livre est bon, bien fait, utile; s'il plaira au public, s'il y a chance d'en vendre un nombre suffisant d'exemplaires. Un éditeur intelligent sait de quels ouvrage le public a besoin, et souvent lui-même il prend l'initiative de les faire exécuter. Il choisit les auteurs, il s'entend avec eux; parfois il leur propose des sujets à traiter et leur donne d'utiles avis. L'auteur présente donc à l'éditeur son manuscrit; celui-ci le lit, l'examine, fait ses réflexions, ses calculs; et alors il l'accepte, ce manuscrit, — ou bien il ne l'accepte pas. S'il l'accepte, il fait avec l'auteur une convention, un marché, une sorte de contrat ou traité. Par ce traité, l'éditeur se charge de faire imprimer et vendre les volumes; il fera toute la dépense nécessaire et prendra tous les soins convenables. Les livres, bien entendu, seront vendus plus cher qu'ils n'ont coûté à fabriquer; la différence sera le bénéfice de l'affaire et la rémunération du travail. De ce bénéfice, l'éditeur donne à l'auteur une certaine part convenue, que l'on appelle *droits d'auteur*.

Aujourd'hui, ce que nous appelons un *libraire* n'est plus comme autrefois un fabricant de livres ni même un éditeur; il est simplement un *marchand de livres*. Il les achète chez l'éditeur, les étale à sa vitrine sous les yeux du public; il prend soin de faire venir de loin, s'il est nécessaire, l'ouvrage que vous lui demandez. Il vous vendra ce livre au prix marqué sur la couverture ou sur le *catalogue* (liste des livres et de leur prix chez l'éditeur); mais lui, il le paye à l'éditeur un prix moindre. La différence, qu'on appelle la *remise*, constitue son bénéfice, le salaire de sa peine et la compensation des dépenses qu'il est obligé de faire. A Paris et dans les grandes villes, beaucoup de libraires sont en même temps *éditeurs*. Quelques-uns ont de magnifiques magasins, un brillant *étalage* à leurs vastes *vitrines*. Là sont *mis en montre* des livres de toute sorte, brochés ou reliés, et ces livres plats et minces, formés d'un petit nombre de pages, que l'on nomme particulièrement des *brochures;* là sont étalés les volumes richement reliés, illustrés, ornés de planches en couleur. Mais ce que le libraire expose surtout au premier rang de sa vitrine, ce sont les ouvrages *nouveaux*, les livres qui viennent d'être *publiés*, et dont il faut faire connaître l'existence au public. Ceux-là sont souvent entourés d'une bande de papier avec ces mots en très gros caractères : VIENT DE PARAITRE! — Les auteurs, les savants et les artistes, les érudits, les jeunes gens studieux, enfin tous les hommes instruits, amis des livres, curieux des choses de l'intelligence, aiment à jeter un regard, en passant, sur la vitrine du libraire. Et quand un livre nouveau, livre de science ou d'instruction, livre d'art ou livre de poésie, *vient à paraître*, tout ce monde intelligent en est averti. La *publication* d'un ouvrage nouveau, — et qui dit des choses nouvelles, — est un véritable événement : il s'agit, bien entendu, d'un livre de grande valeur, écrit par un auteur de talent. Tous veulent connaître les pensées de cet homme; on achète le livre, on le lit, chacun le juge à sa façon. Tout le monde en parle; on le discute avec ardeur : les uns approuvent fort certaines pensées; les autres les critiquent. — Et c'est une chose importante, en effet, qu'un livre: des *idées!*

Ailleurs, dans un coin, le long d'une muraille ou sous les volets d'une humble échoppe, vous apercevez un étalage moins brillant : c'est la boutique du *bouquiniste*, du marchand de vieux livres, de *bouquins*. Les vieux livres autrefois étaient appelés *bouquins*, parce qu'ils étaient souvent reliés en parchemin, en peau de bouc... Là, pour quelques sous, vous pourrez acheter des volumes, salis parfois, tachés, dont la reliure a subi de graves avaries... mais non moins utiles pour cela que s'ils étaient neufs : excellente ressource pour qui n'a pas la bourse bien garnie. O bienheureuse échoppe du bouquiniste! vieux livres au dos brisé, chers bouquins, que de services vous avez rendus! Quelle reconnaissance vous doit quelqu'un que je sais bien, qui n'était pas riche, et qui pourtant voulait s'instruire!

Car tout homme qui sait lire aime à lire. Qui a lu lira! Chacun voudrait avoir, dans sa maison, au moins quelques livres choisis; des livres qu'on aime à retrouver, *des amis!* Et vous aussi, n'est-ce pas, vous serrerez avec soin, sur un rayon, dans une armoire, les livres qu'on vous donne; vous les conserverez... Vous savez maintenant combien de travail ils représentent; quel labeur coûte à d'autres le plaisir que vous prenez à les lire! Un homme instruit ne peut se passer d'avoir sa *bibliothèque privée :* modeste s'il est dans la médiocrité, considérable s'il est riche; à chaque instant il a besoin de ses livres. Or on ne peut pas toujours acheter tous les ouvrages dont on a besoin, que l'on voudrait lire, ou seulement *consulter* à une certaine page, en un certain moment. Car enfin, si, par la merveilleuse invention de l'imprimerie, par les progrès de la fabrication, par l'emploi des machines, on a tant fait qu'*un livre* est bon marché, *beaucoup de livres* finissent par coûter très-cher! C'est pourquoi, aujourd'hui comme autrefois, il faut des *bibliothèques publiques*, qui puissent servir à tous, ou au moins aux hommes studieux, aux écrivains, aux savants à ceux qui ont le plus

grand besoin de livres, de livres nombreux, rares, coûteux.
A Paris, dans toutes les grandes villes du monde civilisé, il y a
des *bibliothèques publiques*. Les grandes bibliothèques sont de
véritables *monuments*; les livres qu'ils contiennent en nombre
immense, représentent une valeur énorme en argent, mais
surtout une valeur intellectuelle, une valeur d'utilité, bien
plus grande encore. Si un de ces établissements vient à être
détruit, c'est une perte inouïe, un véritable désastre, un malheur public! — Là sont des livres rares, couteux, qu'il serait
impossible de trouver ailleurs. Dans Paris, il y a plusieurs
grandes bibliothèques publiques; chacune renferme particulièrement certaines sortes d'ouvrages : dans l'une sont
recueillis les ouvrages d'histoire, les livres anciens, les *manuscrits* de l'antiquité ou du moyen âge, conservés avec un
soin extrême, et ces *bouquins précieux* dont je vous ai parlé.
Dans une autre on trouve les livres de science, en langue
française ou en langues étrangères, avec des dessins, des
planches gravées, des tableaux coloriés, des cartes géogra-
phiques. Une troisième renferme surtout des livres d'art,
des *estampes*, des gravures anciennes et précieuses; ailleurs
sont les ouvrages étrangers, des livres de toutes les langues,
avec leurs caractères bizarres. Les *bibliothécaires* qui gardent
ces *trésors* de la science sont des hommes très instruits, parfois de grands savants.

Vous entrez dans une immense salle éclairée par de
larges fenêtres, où des milliers de livres sont rangés sur des
rayons dans un ordre parfait. De vastes tables sont disposées
pour la lecture. Assis autour des tables sont les lecteurs;
des hommes studieux, attentifs, penchés sur leur livre. Des
plumes, quelques feuilles de papier pour prendre des notes,
des volumes sont posés sur les tables. Un silence saisissant,
presque effrayant : on se dirait une assemblée de muets
ou, si vous voulez, de fantômes... Tous ici sont des travailleurs,
des penseurs, des hommes d'étude. — Certaines salles, à des

heures déterminées, sont ouvertes au public. Entrez sans crainte; lecteur, vous êtes ici chez vous. Vous demandez à voix basse, à l'un des employés qui sont là pour surveiller et serrer les livres, tel ouvrage, de tel auteur. Vous vous asseyez à la table; au bout de quelques instants on vous apporte le volume demandé, — s'il existe à la bibliothèque.

GRANDE SALLE DE LECTURE DE LA BIBLIOTHÈQUE NATIONALE DE PARIS.

D'autres salles sont réservées aux hommes d'étude et écrivains qui demandent une permission spéciale. La plus grande des bibliothèques de Paris, une des plus belles, des plus riches du monde entier, est la *Bibliothèque nationale*. La grande salle de travail est une pièce magnifique, haut voûtée, vaste comme une église, silencieuse comme un sanctuaire, ornée comme un palais. — Et c'est un palais en effet : le *palais de l'étude!*

Dans toutes les villes un peu importantes de nos départements et de toutes les nations civilisées, il y a aussi des bibliothèques publiques, moins belles, moins riches, mais toujours très utiles. Enfin, dans beaucoup de villes on a fondé en divers quartiers des *bibliothèques populaires*, destinées à l'usage de tous. Ces bibliothèques ne contiennent point de livres rares et précieux, mais des livres utiles de toute sorte. — Le soir, après le travail, l'ouvrier studieux, le jeune homme sage et instruit, trouvent une salle paisible, des ouvrages de science, d'histoire naturelle, des *traités* pour apprendre les procédés des différents arts et des métiers; des livres de littérature et de poésie : ceux-là aussi sont *utiles !* Et de plus, ces livres, on peut les emporter, sous certaines conditions, les lire à la maison, en famille. On les emprunte, on les échange; en retour de celui qu'on rapporte, on en reçoit un autre, souvent tout à fait gratuitement, quelquefois avec une très faible rétribution, quelques sous par an, qui servent à faire réparer les volumes. Des sociétés d'hommes instruits se sont formées pour fonder partout de ces établissements qui rendent de si grands services. D'autres bibliothèques portent le nom de *bibliothèques scolaires*, parce qu'elles sont établies dans l'école même, et surtout pour l'usage des instituteurs, des élèves de l'école et des parents des élèves; mais on ne les refuse jamais à une personne désireuse de s'instruire, à un enfant studieux et soigneux, capable de ménager un livre. On commence par une vitrine modeste et quelques simples rayons ; on se procure tout d'abord des livres d'instruction, des livres de récréation instructive, des livres utiles et aussi des livres agréables ; ces livres sont peu nombreux d'abord, mais le nombre croîtra peu à peu : c'est le petit trésor qui grossira de jour en jour.

C'est là, mon cher enfant, qu'en vous quittant je vous donne rendez-vous : à la bibliothèque populaire ou scolaire de votre quartier ou de votre village. Allez-y seulement ;

tenez, allez-y pour me faire plaisir, à moi votre ami : vous y retournerez pour votre propre plaisir à vous-même. Cela, je le sais. Qui a lu lira. Et puis, voici venir le temps où tout le monde saura lire; il n'est pas éloigné, ce temps où un homme illettré sera considéré comme un objet curieux, comme une chose du passé, ou, si vous voulez, comme un revenant du temps de Pepin le Bref, qui serait sorti de sa tombe pour se promener parmi les vivants... Celui qui, sachant lire, négligerait d'étudier, qu'on ne verrait jamais un livre à la main, serait regardé à juste titre comme un homme de peu de sens, incapable d'apprécier l'utilité de l'instruction; et en même temps comme un être grossier, trop borné pour comprendre les plaisirs des gens intelligents, le vrai et bon plaisir, toujours nouveau, d'apprendre, de savoir, de se mêler à une conversation intéressante. Mais vous ne serez pas de ceux-là, vous; vous tiendrez à honneur de faire partie de la grande *société des gens instruits*, dans laquelle entre qui veut... en passant par la bibliothèque. Vous aimerez, comme le meilleur délassement du travail de chaque jour, la conversation attrayante des hommes instruits, et cette autre *conversation silencieuse et à distance* qu'on appelle la lecture.

FIN

TABLE DES MATIÈRES

FIN DE LA TABLE DES MATIÈRES.

Coulommiers. — Imp. PAUL BRODARD — 515-1902.